www.tredition.de

AF197592

www.tredition.de

© 2017 Jasmin Thoma

Verlag und Druck: tredition GmbH, Grindelallee 188, 20144 Hamburg

ISBN
Paperback: 978-3-7439-2812-1
Hardcover: 978-3-7439-2813-8
e-Book: 978-3-7439-2814-5

Jasmin Thoma

Ohne Identität

nach einer wahren Begebenheit

Für all die Menschen, die mich bei diesem Projekt unterstützt haben, vor allem den Schriftsteller Thomas Sailer, der mir von der Idee bis zur Veröffentlichung immer mit Ratschlägen zur Seite gestanden ist.

Vorwort

Das ist eine wahre Geschichte. Sie basiert auf Ereignissen, die mir vor knapp einem Jahr selbst passiert sind.

Natürlich musste ich zu Gunsten der Spannung und der Nachvollziehbarkeit einige Details ändern, oder manche Stellen kürzen. Das hier ist kein exaktes Abbild des Geschehenen. Ich wollte meine Erfahrungen aus der Sicht einer fiktiven Person wiedergeben.

Dennoch ist alles, was in diesem Buch thematisiert wird, real. Es geht um Ehrlichkeit und Vertrauen, um Hoffnung, um Furcht, um Scham, um Hass, um Würde und nicht zuletzt um Träume. Es geht darum, selbst über sein Leben zu bestimmen und einmal hingefallen wieder aufzustehen.

Ihr werdet in dieser wahren Geschichte sehr unterschiedliche Personen kennen lernen. Sie alle sind nicht zufällig entstanden. Sowohl „Maria", die meistens nur als „die Frau" bezeichnet wird, als auch den Augustinverkäufer am Hauptbahnhof wollte ich exakt der Realität entsprechend darstellen. Nebenpersonen sind teils frei erfunden, auch wenn es für die meisten reale Vorbilder gibt.

Zwischen parkenden Autos

Die Füllfeder flitzte über das Papier, als Alina die Worte des Vortragenden niederschrieb. Ihre Finger schmerzten, nachdem sie über eine Stunde lang geschrieben hatte. Sie hielt alles fest, was der Professor über die verschiedenen Religionsgemeinschaften im Nahen Osten erzählte; die Prüfung in drei Wochen stets präsent in ihrem Kopf.

Der Vortragende beendete die Einheit. Alina packte ihre Sachen zusammen und stand auf.

Als sie den Hörsaal verlassen wollte, hielt sie jemand auf. „Hallo", sagte ihr Kollege, Michael.

„Oh… Hallo", erwiderte sie.

„Ich hab` lange nicht mit dir geredet. Ich seh` dich immer nur in den Vorlesungen", meinte er.

„Ja, ich bin manchmal etwas im Stress. Außerdem wohn` ich nicht in Wien. Deswegen geh` ich eher selten zu den Studentenpartys."

„Du machst sehr viele Prüfungen, oder?", wollte er wissen.

„Also, ich mach` jetzt in drei Wochen die Ethnologie des Nahen Ostens, die Formen sozialer Organisation, Kolonialismus und Gender. Im Herbst mach` ich dann die Wissenschaftsgeschichte, Ethnohistorie und die Ethnologie Mesoamerikas."

„Wow, wenn du so weitermachst, schaffst du dein Studium noch in Mindestzeit."

„Ja, ich versuche es", meinte Alina.

„Aber du gehst auch in jede Vorlesung, kommt mir vor."

„Ja, wenn ich die Vorlesungen immer besuche, muss ich am Ende weniger lernen".

„Du bist sehr zielstrebig. Ich hab` dich vor einiger Zeit hier gesehen. Dir ist es offensichtlich schlecht gegangen und du warst trotzdem in der Vorlesung."

Alina erinnerte sich an diesen Tag, als die Vergangenheit sie nicht in Ruhe gelassen, sie der Welt nicht länger standgehalten hatte. Wie Michael sie sah, überraschte sie. Denn sie selbst hatte oft das Gefühl zu zerbrechen.

„Ja, mir ist während der Vorlesung schlecht geworden", behauptete sie.

„Es ist natürlich das Beste, immer da zu sein", meinte er.

Alina zuckte mit den Achseln: „Ja, es ist für mich zumindest das Einfachste. Naja, ich muss dann jedenfalls los. Ich hab heute noch Gesangsunterricht."

„Ach so, na dann. Man sieht sich."

„OK, dann bis zum nächsten Mal."

Alina verließ das Gebäude. Eine warme Brise blies ihr entgegen. Sie beeilte sich, um die Straße noch zu überqueren, bevor die Ampel rot würde, denn sie wollte keine Zeit verlieren.

Nachdem sie unlängst erfahren hatte, dass sie bis zu den Prüfungen noch eine Woche länger Zeit hatte als angenommen, war die Anspannung, die sie seit langem geplagt hatte, ein wenig von ihr abgefallen. Dennoch hatte sie das Gefühl, ständig unter Stress zu stehen, war gezwungen, alles in Hast zu tun.

Doch nach Jahren des Kämpfens sah sie ihrer Zukunft zum ersten Mal mit Hoffnung entgegen.

Die U-Bahnstation kam in Sicht. Alina wollte auf sie zusteuern, als sie jemand ansprach: „Entschuldigung, hast du kurz Zeit? Ich habe ein Problem, und weiß nicht, mit wem ich darüber reden soll." Die Stimme klang verzweifelt.

Vor ihr stand eine kleine Frau mit rundem Gesicht. Ihr blondes Haar hatte sie zu einem einfachen Pferdeschwanz gebunden. Alles, von ihrem plumpen Körper bis hin zu dem unsagbar freundlichen Ausdruck in ihren Augen, schien eine Hilflosigkeit auszustrahlen.

„Ja", sagte Alina. Ein ungutes Gefühl überkam sie. Die Frau würde am Ende gewiss entweder Geld wollen, oder etwas, das Alina nicht machen konnte. Das Geld, das Alina bei sich hatte, brauchte sie heute noch, doch sie konnte die Frau nicht einfach kalt abblitzen lassen.

„Können wir uns wo hinsetzen?", bat die Frau. Sie führte Alina wieder in die Richtung, aus der sie gekommen war. Automatisch folgte ihr Alina. „Ist hier irgendwo eine Bank?", fragte die Frau, während sie sich in der Umgebung umsah. „Gehen wir wohin, wo uns niemand hört", bat sie.

Die Frau sprach mit einem starken Akzent, doch leicht verständlich.

„Studierst du hier?", wollte sie wissen.

„Ja", antwortete Alina.

„Was studierst du?"

„Kultur- und Sozialanthropologie." Wahrscheinlich hatte die Frau ohnehin keine Ahnung davon, denn die meisten Menschen konnte sich nichts darunter vorstellen.

„Gut", sagte die Frau.

Alina fragte sich, ob sie ihre Worte überhaupt gehört hatte.

Die Frau führte sie auf die andere Straßenseite. „Können wir uns hier hinsetzen?" Sie deutete auf den Randstein zwischen parkenden Autos. Ansonsten waren hier nur Büsche. Alina blickte sich um. Die Passanten waren alle auf der anderen Straßenseite, oder in weiter Ferne. Hier würde sie wirklich niemand hören.

„Wie heißt du?", fragte die Frau.

„Alina", antwortete sie.

„Hallo, ich bin die Maria." Die Frau gab ihr ihre breite, kleine Hand. Alina nahm sie.

„Ich habe ein Problem und ich weiß nicht, an wen ich mich wenden soll", begann sie. „Ich komme aus dem Kosovo. Ich habe dort mit meiner Mutter in einem Haus gelebt, bis sie gestorben ist. Mein Cousin hier hatte Depressionen, deswegen musste ich schnell hierher."

Alina sah zu Boden. Sie selbst war über ein Jahr wegen Depressionen in Behandlung gewesen. Auch jetzt noch fühlte sich ihre Welt oft so leer an, als wäre da nichts, das sie hielt.

„Ich lebe mit meinen drei Kindern in einer Wohnung und ich kann die Miete nicht bezahlen. Die Vermieterin hat gesagt, wenn ich in einer Woche nicht die Miete bezahlt habe, haut sie mich mit meinen drei Kindern raus", redete die Frau weiter.

In dem Moment erinnerte sich Alina an etwas. Sie hatte eine ähnliche Geschichte zu Beginn ihres Studiums schon gehört. „Falls Sie einen Job suchen, vor der Hauptuni stehen öfters Menschen, die einen fragen, ob man Arbeit sucht. Mich hat nämlich früher schon einmal eine Frau mit einem ähnlichen Problem angesprochen..."

Ihr Gegenüber schien die Bemerkung kaum zu hören. „Ich habe alle Leute um Hilfe gefragt, aber keiner wollte mir helfen! Als ich ein paar Männer gefragt habe, wollten sie, dass ich meinen Körper und meine Seele verkaufe, um an das Geld zu kommen. Ich will aber nicht meinen Körper und meine Seele verkaufen und jetzt frage ich dich: Kannst du mir helfen?"

„Wie?", fragte Alina automatisch, obwohl sie die Antwort bereits kannte.

„Ich brauche 390 Euro bis in einer Woche."

„Ich habe nicht so viel mit", sagte sie, teils beschämt, dass sie nicht helfen konnte, teils in Abwehrhaltung. Die Situation war ihr unangenehm und ihr Herz begann zu rasen. Ein beklemmendes Gefühl ergriff Besitz von ihr. Während ein Teil von ihr der Frau sofort helfen wollte, wollte ein anderer einfach nur weg.

„Aber du kannst doch sicher schnell zu einer Bank gehen und das Geld holen", sagte die Frau. Sie sah sie eindringlich an.

„Nein, ich habe kein eigenes Konto", entgegnete Alina. Außerdem wusste sie sowieso nicht, wo hier die nächste Bank war.

„Warum?", hinterfragte die Frau.

„Ich wohne noch bei meinen Eltern und habe kein eigenes Einkommen."

„Aber kannst du nicht das Geld von zu Hause holen?", hakte die Frau nach. „Ich meine du kannst dir doch eh sicher immer von deinen Eltern Geld nehmen." Ihre Augen schienen noch tiefer in Alina zu bohren. Alina fühlte sich wehrlos unter ihrem Blick. Vielleicht war es die Hilflosigkeit dieser plumpen Gestalt, oder der freundliche Ausdruck in ihren Augen, der sie in die Enge trieb, oder bloß die Schmach, die sie empfand. Sie konnte der Frau weder helfen, noch konnte sie sie einfach zurückstoßen.

„Nein, weil ich nicht in Wien wohne", antwortete sie in dem Versuch, bestimmt zu klingen, doch es gelang ihr nicht.

„Wo wohnst du denn?", fragte die Frau weiter.

„In Müllendorf... also im Burgenland. Ich fahre jeden Tag mit dem Zug", erklärte sie.

„Wie viel hast du denn mit?", wollte die Frau wissen.

„Nur 30 Euro." Alina wollte ihr erklären, dass sie das Geld selber brauchte, um ihre Gesangsstunde zu bezahlen. Doch sie konnte es einfach nicht. Ihre eigenen Probleme kamen ihr auf einmal so klein, ihre Pläne und Träume so unwichtig vor. So gab sie ihr die 30 Euro und das wenige Kleingeld, das sie dabei hatte.

„Aber kommst du denn jetzt nach Hause?", wollte die Frau besorgt wissen.

„Ja, ich habe eine Monatskarte", erklärte Alina.

Die Frau schien verwirrt. „Was hast du?", fragte sie, als hätte sie sie nicht verstanden.

Alina holte ihre Monatskarte aus ihrem Federpennal hervor und zeigte sie der Frau.

„Aha." Sie schien zu verstehen.

So packte Alina ihre Monatskarte wieder ein.

„Kannst du mir noch das restliche Geld bringen? Weil ich weiß nicht, was ich noch machen soll! Ich habe wirklich alles versucht und ich habe Angst."

Alina zögerte. Sie hatte nicht vergessen, wozu sie ihr Geld bald brauchen würde. Doch wie konnte sie die Frau jetzt im Stich lassen? Die Gedanken überschlugen sich in ihrem Kopf.

„Können wir uns dann morgen wieder treffen?", fragte die Frau weiter.

„Ich bin morgen nicht in Wien", sagte Alina knapp. Sie wollte die Frau abwimmeln, doch zu harten Tönen war sie nicht im Stande.

„Wo bist du denn morgen?", bohrte die Frau weiter.

„Bei meiner Oma", antwortete Alina. Sie war nicht bereit, auch noch den Gesangsunterricht mit ihrer Oma zu verpassen, nachdem sie schon diese Stunde absagen musste. Und ihr fehlte einfach die Zeit, extra nach Wien zu fahren. So verdrängte sie ihr schlechtes Gewissen.

„Gut, aber wann können wir uns treffen?", hakte die Frau nach.

„Am Montag", war Alinas kurze Antwort.

„Ok, aber bitte mach mir keine falschen Hoffnungen. Weil ich sehe, du hast Angst, mir zu helfen. Wenn du mir nicht helfen willst, ist das okay, aber bitte sei ehrlich", bat die Frau.

„Doch, ich will Ihnen helfen", sagte Alina schnell.

„Verstehst du, wenn du mir sagst, dass du mir nicht hilfst, kann ich noch andere Menschen fragen, aber wenn du nicht ehrlich bist, ist es vielleicht schon zu spät und ich habe Angst", sagte die Frau. Sie sprach sehr schnell. Die Verzweiflung in ihrer Stimme weckte in Alina den Drang zu helfen, den sie meistens in dem Wissen, dass sie selber nicht viel hatte, unterdrückte.

„Ok, können wir uns am Montag um zwei vor der Hauptuni treffen?", fragte Alina und deutete auf das Gebäude gegenüber von ihnen.

„Kannst du mir deine Nummer geben?", fragte die Frau.

„Ich gebe nicht vielen meine Nummer, kann ich Ihnen meine E-Mail-Adresse geben?", schlug Alina vor, denn sie telefonierte nicht gerne und hatte ihr Handy meistens nicht bei sich.

„Ich habe keine E-Mail", antwortete die Frau, „aber wieso kannst du mir nicht einfach deine Nummer geben?"

Alina seufzte und diktierte der Frau ihre Nummer.

„Wie, ich hab`s mir nicht gemerkt", sagte die Frau.

Alina holte ihr Handy aus dem vorderen Fach ihres Rucksacks. Sie suchte eine Zeit lang herum. „Ja, Akku schwach, das interessiert mich nicht!", murmelte sie. Schließlich fand sie „Eigene Nummer". „Hier!", sagte sie und gab der Frau ihr Handy.

„Haben Sie einen Zettel?", fragte Alina dann noch.

Die Frau kramte eine Zeit lang in ihrer Tasche und holte ein kleines Stück Papier heraus. Dann gab sie ihr einen Kugelschreiber und begann ihr die Nummer zu diktieren.

„Moment, der schreibt nicht", sagte Alina.

Die Frau holte einen anderen aus ihrer Tasche und gab ihn Alina. Dann diktierte sie ihr die Nummer nochmal. „Stimmt das jetzt?", fragte sie.

Alina hatte kaum mitbekommen, was die Frau gesagt hatte. „Warte... ich glaube schon."

„Schau noch mal", forderte die Frau sie auf. Sie diktierte die Nummer nochmal.

„Ja, stimmt", sagte Alina. Sie glaubte, dass sie das jetzt richtig notiert hatte.

„Was machst du heute noch?", fragte die Frau.

„Ich fahre nach Hause, ich hätte noch Gesangsunterricht...", begann Alina. Ein Teil von ihr hätte der Frau gerne gesagt, dass sie die 30 Euro eigentlich selber brauchte; sie würde ihr ja ohnehin am Montag die 390 bezahlen. Doch sie wollte die Frau nicht abschrecken, oder zurückstoßen.

„Gut, dann sehen wir uns am Montag und bitte komm wirklich, und falls du mir nicht helfen willst, dann sag es jetzt einfach."

„Doch, ich will Ihnen helfen", bekräftigte Alina schnell.

„Gut, ich glaube an Jesus und ich denke Jesus wollte, dass wir uns treffen", sagte die Frau. „Glaubst du an Jesus?"

„Äh... ja", log Alina spontan.

„Gut, dann bis Montag", sagte die Frau und gab Alina wieder ihre Hand.

„Okay, tschüss", sagte Alina. Sie stand auf. Sobald sie auf der anderen Straßenseite war, rannte sie zur U-Bahnstation. Ihr Herz raste und sie zitterte. Das Gespräch mit der Frau hatte alles in ihrem Inneren durcheinandergeworfen. Alles, was sie machen hatte wollen, war es, zu ihrer Gesangsstunde zu gehen. Doch nun würde sie das nicht können. Wie sollte sie ihr Ziel denn je erreichen, wenn sie ihre Stunden verpasste! Sie musste ihre Technik noch perfektionieren. Und das Geld- die 390 Euro! Sie würde all ihr Erspartes noch selbst brauchen, um ihre Karriere als Sängerin zu starten! In ihrem Kopf drehte sich alles, als sie die Rolltreppe hinunterrannte.

Gerade, als sie unten war, kam die U-Bahn und Alina drängte sich hinein. Sie wartete, bis sie endlich losfuhr.

Alina versuchte, ihre Gedanken zu ordnen. Sie würde jetzt wenigstens früher nach Hause kommen und konnte vielleicht ein paar andere Sachen erledigen. Wenn sie statt nach Meidling zum Hauptbahnhof fuhr, wo ihr Zug losfuhr, würde sie vielleicht auch einen früheren erwischen. Außerdem wäre er noch nicht so voll!

So ging sie, als die U-Bahn beim Karlsplatz hielt, nicht wie sonst zur U4, sondern zur U1. Doch während sie die Treppe hinunterging, kehrte ihre Beklemmung zurück. Bei unerwarteten Konfrontationen mit anderen Menschen war ihr immer, als würde ihr Körper durch fremde Hand gesteuert. Wenn sie beim Bahnhof wäre, würde sie ihren Gesangslehrer anrufen müssen. Das Wissen, dass jede Stunde wichtig war verfolgte sie.

Unten angekommen, sah sie sich um. Zum Glück waren alle Ziele der U-Bahn angeschrieben. Alina sah auf die linke Seite. In Richtung Reumannplatz waren die nächsten Stationen Taubstummengasse und Wien Hauptbahnhof- Südtirolerplatz. Da musste sie hin! So ging Alina auf die linke Seite, um auf die U-Bahn zu warten. Neben ihr standen noch viele anderen Menschen. Als der Zug schließlich kam, stiegen Unmengen von Menschen aus. Alina drängte sich so schnell sie konnte hinein. Nach ihr stieg noch eine Schar von Leuten ein. Der Zug war voll. So voll, dass man kaum atmen konnte. Erneut musste Alina ihre Gedanken ordnen. In ihrem Kopf fühlte sich alles durcheinander an. Tränen wollten ihr kommen, doch sie drängte sie zurück. Sie wollte nicht vor all den Leuten zu weinen beginnen.

Endlich hielt der Zug bei der richtigen Station. Alina trat hinaus. Den anderen Menschen folgend ging sie eine Rolltreppe hinauf. Oben angekommen, fand sie sich in einem riesigen Gebäude wieder. Die Decke war unfassbar hoch und alles schien aus Metall zu sein. Seltsame Lampen hingen hinunter.

Alina sah sich um. Sie betrachtete die Symbole über ihr. Da war ein Zug abgebildet. Hier musste es zum Bahnhof gehen. Sie folgte den Symbolen eine weitere Rolltreppe hinauf. Bald sah sie die Beschilderung: Gleis 3 bis 12. Gut, erst galt es aber herauszufinden, zu welchem Gleis sie musste. Nach kurzem Suchen fand sie eine der blauen Tafeln, wo die Abfahrtzeiten angeschrieben waren. Eine Weile ließ sie den Blick über die Destinationen und Abfahrtzeiten schweifen, bis sie fand, was sie suchte: Deutschkreuz 14:19 Uhr, Bahnsteig 5. So sah sich Alina um und machte sich auf den Weg zum richtigen

Bahnsteig. Die Bahnsteige waren hier, wie alles andere auch, viel größer als beim Bahnhof Meidling.

Alina setzte sich hin. Langsam beruhigte sie sich. Es war nicht wirklich schlimm, wenn sie eine Stunde verpasste. Sie würde ja schließlich morgen noch mit ihrer Oma üben. So wählte sie die Nummer ihres Lehrers. Alina wartete kurz, bis er abhob. „Hallo", ertönte seine Stimme.

„Äh... Hallo, ich bin es, Alina. Ich wollte nur sagen, dass ich heute nicht kommen kann. Mir ist spontan etwas dazwischengekommen. Ich zahl natürlich nächstes Mal."

„Ah. Ok, kein Problem", sagte er „Es ist nur so eine Regel, wenn man zu kurzfristig absagt...", fügte er entschuldigend hinzu.

„Ja, ist schon ok. Mir ist bloß spontan etwas dazwischengekommen."

„Ok, macht nichts. Schreibst du mir einfach wieder wegen nächster Woche."

„Ja, ich werde wahrscheinlich eh so wie immer können", sagte sie.

„Ok, dann bis nächste Woche", sagte er.

„Ok, tschüss."

Alina legte auf und schaute auf die Uhr. Sie hatte noch fast eine Viertelstunde, bis der Zug abfahren würde. Alina sah auf die Anzeigentafel. Da stand bereits „Deutschkreuz - über Ebenfurth". Das musste also der nächste Zug sein.

Sie versuchte noch zu lernen, schaffte es aber nicht, die nötige Konzentration aufzubringen. So legte sie den Text, den sie noch zu lesen hatte, weg und stand auf. Alina begann gedankenverloren am Bahnsteig hin und herzugehen. Immer wieder gingen Leute an ihr vorbei.

Da sah sie auf einmal ein ihr bekanntes Gesicht: Professor Schlosser, der alte Mathelehrer ihres Bruders. Er nickte ihr im Vorbeigehen zu. Dann, als er schon ein paar Schritte weiter war, ging er zu ihr.

„Ah, Hallo", sagte er.

Alina erwiderte die Begrüßung.

„Und, wie geht's?", fragte er.

„Gut", antwortete sie.

„Und wie geht es deinem Bruder? Arbeitet er?"

Alina hatte gewusst, dass diese Frage kommen würde, weil sie schon, als sie noch in die Schule gegangen war, ständig gekommen war. Sie beschloss, einen Teil der Wahrheit zu sagen.

„Er hat ein Praktikum gemacht", sagte sie.

„Echt? Worin?"

„Also, so exakt weiß ich das nicht. Dass er programmiert wissen Sie?"

Schlosser schüttelte den Kopf. „Nein, weiß ich nicht. Nach der schriftlichen Reifeprüfung ist leider jeder Kontakt abgebrochen."

Alina nickte. „Also mein Vater hat ihm in der siebten Klasse Programmieren beigebracht und jetzt sucht er etwas in dieser Richtung."

„Und mit Matura ist`s nichts?"

Alina verzog den Mund. „Eher nicht", sagte sie.

„Schade", meinte Schlosser. „Dabei kann er alles. Ich weiß, dass das mit dem Reden schwer für ihn ist, aber er müsste sich nur dazu überwinden, dann könnte er alles machen. Vielleicht ermutigst du ihn nochmal dazu?"

Alina nickte mit einem erzwungenen Lächeln. Doch sie wusste, dass ihr Bruder die mündliche Matura nicht mehr machen würde.

„Und was machst du jetzt?", wollte Schlosser wissen.

„Ich studier` Kultur- und Sozialanthropologie."

„Bitte, was ist das?"

Alina lachte. „Es weiß nie jemand, was das ist. Also, sowas wie Ethnologie."

„Aha", sagte Schlosser. Dann sah er auf die Uhr. „Ich muss jetzt meinen Zug erwischen", meinte er, „also dann, hat mich gefreut und grüß` deinen Bruder von mir."

„Ja, mach` ich."

„Ok, dann auf Wiedersehen."

„Auf Wiedersehen". Alina gab Schlosser die Hand.

Dann ging er davon und Alina sah erneut auf die Uhr. Ihr Zug musste in ein paar Minuten kommen.

Irgendwann stand auf der Anzeigetafel Deutschkreuz. Alina blickte auf die Uhr. In ein paar Minuten musste er kommen.

Schließlich tat er das auch. Alina eilte zur nächstbesten Tür und stieg in den Zug. Tatsächlich war er komplett leer. Nicht so wie in Meidling, wo immer schon fast alle Plätze besetzt waren. Sie setzte sich auf einen der ersten Plätze, zu dem sie kam. Kurz wartete sie, dann fuhr der Zug los und hielt wenig später in Meidling. Alina blickte auf die ihr vertrauten Gleise, ehe der Zug weiterfuhr.

Während sie aus dem Fenster sah, kam ihr die Bettlerin wieder in den Sinn. Die Angst und Verzweiflung in ihrer Stimme ließen Alina nicht los. Doch Alina würde ihr helfen, die Miete für diesen Monat zu bezahlen. Sie würde diese Frau davor bewahren, ihren Körper zu verkaufen, um mit ihren Kindern in ihrer Wohnung bleiben zu können. Nun, da sich das Durcheinander in Alinas Kopf gelegt hatte, überkam sie ein ihr fremdes Hochgefühl. Zum ersten Mal hatte sie das Gefühl, etwas wirklich Bedeutsames zu tun. In dem Moment schien es, als hätte sie die Erfüllung, die sie ihr Leben lang gesucht hatte, gefunden; nicht durch persönlichen Erfolg, sondern indem sie einen anderen Menschen vor für sie unvorstellbarem Grauen rettete. Ihr war klar, dass sie keine Ahnung hatte, wer diese Frau war; dass sie genauso gut lügen konnte. Doch war es immer noch besser, einen Betrüger zu unterstützen, als einen Menschen, der wirklich Hilfe brauchte, hängen zu lassen! Was waren schon 390 Euro gegen ein Leben in Sicherheit? Sie spürte keine Anspannung mehr. Zum ersten Mal seit langem war ihr Inneres völlig ruhig.

So nahm Alina den Pflichttext für die Vorlesung „Einführung in die Formen sozialer Organisation" heraus und begann, ihn zu Ende zu lesen.

Als der Zug in Ebenfurth hielt, war sie fertig und schaute wieder aus dem Fenster. Mittlerweile kannte sie die Landschaften hier sehr gut: sie fuhren durch Wiesen, Felder und kleine Waldstücke, gelegentlich an Flüssen vorbei.

Ihr Gespräch mit Professor Schlosser kam ihr wieder in den Sinn. Irgendwie war sie froh, dass er sich noch an ihren Bruder erinnerte. Doch eigentlich überraschte es sie nicht. Wahrscheinlich wusste so ziemlich jeder Lehrer an ihrer Schule noch, wer Gerhard war. Wer vergaß schon einen Schüler, der kaum jemals sprach, dafür bei allem, was mit logischem Denken zu tun hatte, allen anderen überlegen war?

Träume und Wirklichkeit

Der Zug hielt in Müllendorf und Alina stieg aus. Wenig später kam sie zu ihrem Haus. Als sie die Türe öffnete, kam ihr ihr Hund entgegengerannt. Laut kläffend und Schwanz wedelnd hüpfte er um sie herum.

„Hallo Hermes", sagte sie und kraulte seinen Kopf, als er sich soweit beruhigt hatte, dass man ihn angreifen konnte. Dann stellte sie ihren Rucksack ab und ging in die Küche. Ihre Eltern hatten ihr gesagt, wenn sie nicht da seien, solle sie sich selber das Essen aufwärmen. So schaute sie in die Töpfe. Es gab Nudeln mit einer Soße. Alina drehte die Herdplatten auf und wartete, bis die Soße leicht zu köcheln begann.

Sie hatte beschlossen, niemandem von der Frau zu erzählen. Wozu auch? Es würde hier eh keiner verstehen! Alle würden ihr davon abraten, der Frau zu helfen, weil man Fremden nicht trauen konnte. Sie würden Alina als dumm und realitätsfremd abtun, weil sie auch nur daran dachte, ihr zu helfen. Niemand in diesem Haus würde sie je verstehen!

Doch vielleicht, wenn sie als Künstlerin Erfolg hätte, könnte sie sein, wer sie war, ohne sich vor dem Urteil anderer fürchten zu müssen.

Nachdem Alina fertig gegessen hatte, ging sie in ihr Zimmer und drehte den Computer auf. Sie wollte sehen, ob sie irgendwelche Nachrichten bekommen hatte. Seit längerem nervten sie auf Facebook einige Männer, die sich unbedingt mit ihr verabreden wollten. Die meisten davon waren recht harmlos, doch einige wurden manchmal aufdringlich. Alina hatte nichts dagegen, sich mit jemandem online zu unterhalten, oder dass ihr jemand Komplimente wegen ihrer Figur machte, doch Liebesgeständnisse und Sexanfragen von Wildfremden waren ihr dann doch unangenehm.

Während sich im realen Leben kaum jemand wirklich für sie interessierte, waren es im Internet einige. Der Grund waren die Fotos. Alina sah auf Fotos sehr gut aus, vor allem, weil sie ganz anders wirkte als im echten Leben. Während sie auf Fotos und Videos selbstsicher und weltoffen wirkte, konnte man ihr in der Realität ihre Unsicherheit bei jedem Schritt ansehen.

Alina ging ihre Nachrichten durch. Schnell beantwortete sie die, die ihr sinnvoll erschienen.

Sie las ihre Antworten noch einmal durch, bevor sie sie abschickte. Dann lehnte sie sich in ihrem Sessel zurück. Nachdem sie noch schnell geschaut hatte, was ihre Freunde gepostet hatten, schaltete sie den Computer aus und ging wieder hinunter.

Etwas später lernte sie wieder für die anstehenden Prüfungen. Sie war vor ihrem Zeitplan, was sie ein wenig beruhigte. Doch die Anspannung würde nie ganz von ihr abfallen.

Am Abend ging sie früher als sonst schlafen. Alina rollte sich in ihrem Bett zusammen und schlang die Arme um ihre zerknüllte Decke. Sie schloss die Augen und flüchtete sich in Träume. Im Geiste sah sie sich in einer Welt, in der sie stark war an der Seite von Menschen, denen sie sich wirklich öffnen konnte. Sie war hier in ihrer Phantasie sicher; nicht wehrlos gegen den Rest der Welt! Diese Träume hatten sie so lange am Leben gehalten. Doch sie waren nicht mehr so wie in ihrer Kindheit. Sie erfüllten sie nicht mehr wie früher. Während sie einst die echte Welt ersetzt hatten, boten sie ihr nun nur noch Ablenkung.

Am nächsten Morgen erwachte sie früh. Sie erinnerte sich vage an einige wirre Träume. Nachdem sie gefrühstückt hatte, setzte sie sich erneut an den Schreibtisch, um zu lernen. Danach spielte sie am Klavier die Demi Lovato-Version von „Let It Go" und sang mit. Immer wieder stiegen in Alina Zweifel auf, ob am Ende ihr Talent wirklich ausreichen würde, ob sie tatsächlich so gut war, wie alle sagten.

Naja, das würde sie wohl bald erfahren, denn sie hatte vor, demnächst loszulegen. Sie musste nur noch ein paar Sachen mit ihrem Künstlerkollegen Andi klären. Er hatte im Musikgeschäft schon Fuß gefasst und konnte sie vielleicht mit den richtigen Leuten bekannt machen.

Alina atmete schwer. Sie stand auf, um auf ihr Handy zu schauen, ob die Frau vielleicht angerufen hatte. Doch Alina war nicht angerufen worden. Gut, was soll`s , die Frau würde sich schon melden.

Nach dem Mittagessen schwang sich Alina auf ihr Fahrrad und fuhr nach Eisenstadt zu ihrer Oma. Eine lauwarme Brise wehte ihr entgegen. Obwohl es kein sehr heißer Tag war, schwitzte sie bald vor Anstrengung. Vielleicht hätte sie sich eine kurze Hose anziehen sollen! Doch zum Glück war der Weg nicht sehr weit.

Am Ziel angekommen, stellte sie das Rad im Garten ab und öffnete die Haustür. „Hallo Oma!", rief sie.

„Hallo Mäuschen!" Ihre Oma kam ihr entgegen und reichte ihr die Hand.

Dafür, dass sie bald 80 war, war Alinas Oma noch recht vital. Man konnte ihr auch im hohen Alter noch ansehen, dass sie in ihrer Jugend einmal sehr schön gewesen war.

„Willst du etwas trinken?", fragte ihre Oma.

„Äh... ja", antwortete Alina. Sie trat in den Vorraum. Ihre Großeltern hatten ein altes, aber gemütliches Haus.

Als sie beide am Tisch saßen, wollte ihre Oma wissen, ob es bei ihr etwas Neues gebe.

„Nicht viel", antwortete Alina „Naja, ich kommen im Moment außer zum Studieren zu nicht viel."

„Ja, das ist natürlich klar, dass man da zu wenig anderem kommt", sagte ihre Oma. „Aber du hast doch eh gute Noten, oder?"

„Ja, aber ich mach` mir selber viel zu viel Stress damit. Ich treff` mich am Sonntag noch mit Freunden. Aber unter der Woche geh` ich kaum irgendwo hin. Ich kann gar nichts machen, das mich nicht weiterbringt, ohne ein schlechtes Gewissen zu haben. Aber wenn ich mit der Gesangskarriere mal wirklich losleg`, wenn ich erste Erfolge habe, dann wird sich das vielleicht ändern."

Alina schaute ins Nichts. Wie so oft stellte sie sich vor, wie es wäre, wenn ihr Traum in Erfüllung ginge.

„Ich habe so viele Ideen in meinem Kopf und ich hoffe, dass all diese Ideen eines Tages nicht mehr bloß in meinem Kopf existieren werden. Dann könnte ich das machen, was ich wirklich will und müsste nicht später irgendeinen doofen Bürojob machen."

Alina war wegen ihrer Abneigung gegenüber der Arbeitswelt schon oft schief angeschaut worden. Die Leute hatten sie gefragt, ob sie sich denn zu gut zum Arbeiten sei und wo denn ihr Problem liege - sie könne doch, wenn sie acht Stunden arbeitete, eh noch nebenbei in ihrer Freizeit musizieren.

Doch die Leute verstanden nicht, dass man, wenn einem etwas tatsächlich wichtig war, es nicht einfach nebenbei machen konnte. Man konnte nicht acht Stunden lang hart arbeiten und dann in seiner Freizeit noch seine gesamte Energie in seine Leidenschaft stecken, und dann noch voll dahinter stehen. Irgendwann musste man auch etwas tun, das einen in keinster Weise forderte.

Und selbst wenn sie das könnte; sie brauchte den Erfolg, nicht aus Gier, oder aus einer Laune heraus, sondern um der Ruhe ihres Herzens willen. Sie war ihr Leben lang übersehen oder zur Seite geschoben worden. Zu Beginn ihrer Schulzeit war ihr fortwährend eingeredet worden, dass mit ihr etwas nicht stimmte, nur, weil sie andere Interessen gehabt hatte; etwa lieber auf Bäume geklettert war, als mit den anderen Ball zu spielen. Sie konnte gar nicht sagen, wie oft sie zu hören bekommen hatte, sie solle doch ein „normaler Mensch" werden und, dass es klar sei, dass sie keine Freunde hatte. Alina hätte ihren Mitschülern damals am liebsten gesagt, dass sie immer noch lieber gar keine Freunde als solche Freunde hätte; dass es ihr egal sei, was sie von ihr dachten.

Doch stattdessen hatte sie brav genickt, als die anderen sie gefragt hatten, ob sie es nicht wenigstens versuchen würde, ein „normaler Mensch" zu werden. Denn die Wahrheit war, dass es ihr nicht egal war, was andere dachten. War sie anfangs noch zum Spaß und, um der Last dieser Welt für Momente zu entfliehen, auf Bäume geklettert, so hatte sie es mehr und mehr aus Protest gemacht und um der Aufmerksamkeit willen.

Später hatte sie die negativen Reaktionen vieler Lehrer auf den Autismus ihres Bruders mitbekommen. Zur gleichen Zeit war sie selber Opfer massiver Mobbingattacken gewesen. Der Grund war gewesen, dass sie andere Interessen gehabt und dass ihre Kleidung nicht den neuesten Trends entsprochen und sie selbst nicht das coolste Handy besessen hatte. Sie dachte an all ihre so tollen Mitmenschen zurück: Wenn man lieber auf Bäume kletterte, als Ball zu spielen, war man ein schlechter Mensch. Wenn man nicht sprach oder nicht die richtige Kleidung trug, war man gar kein Mensch; und dann wunderte sich noch irgendjemand, wenn man zum Misanthrop wurde!

In der Oberstufe hatte sich Alina immer mehr in sich selbst zurückgezogen, denn sie hatte gelernt, dass sie nicht erwünscht war.

Doch nach all den Jahren wollte sie jetzt aus der Dunkelheit hervortreten, wollte gesehen werden. Sie wollte all den Menschen, die sie verachtet, angegriffen oder schlichtweg nicht wahrgenommen hatten, zeigen, dass sie es weiter bringen konnte als sie alle zusammen. Diese Leute würden eines Tages erkennen, dass sie mehr war als das; dass sie nicht bloß diese Versagerin war, als die sie sie sahen; die ein Teil von Alina immer noch selbst in sich sah. Ja, eine ihrer vielen Antriebskräfte waren Rachegefühle. Manchmal stellte sie sich vor, wie die Leute, die sie abgelehnt hatten, plötzlich alle zu ihr wollten und sie würde bloß sagen: „Hm, wisst ihr nicht, dass ihr mich früher nicht so sehr gemocht habt?"

Alina lächelte. Die anderen würden sie nicht wiedererkennen, denn eines Tages wäre sie es, die glänzte, und diese Leute verschwanden in der Dunkelheit.

„Wollen wir etwas tun?", unterbrach Oma Alinas Gedanken.

Alina nickte und stand auf. Die beiden gingen zum Klavier. Alina stöberte in dem Stapel aus Notenpapieren herum. „Wiederholen wir mal die ganzen Sachen von letztem Mal", murmelte sie.

„Ja, aber irgendwann müssen wir auch wieder etwas Neues lernen", meinte ihre Oma.

„Ja, bald."

Nachdem sie alle Arten von Stimmübungen gemacht hatten, nahmen sie sich die Lieder vor. Alina hatte sich von allem Notenmaterial, das ihre Oma besaß, jene Lieder ausgesucht, die ihr am besten gefallen hatten. Das Meiste waren bekannte Lieder aus diversen Musicals. Von Leonard Bernstein bis Andrew Lloyd Webber waren alle großen Komponisten vertreten.

Alina mochte diese Lieder. Sie hatte schon öfters davon geträumt, selber einmal in einem Musical mitzuspielen. Doch hauptberuflich würde sie es eher nicht machen wollen. Was sie wirklich wollte, war nicht, die Zeilen eines anderen zu interpretieren, sondern selber etwas Neues zu erschaffen. Sie wollte Songs schreiben, in denen sie ihre innersten Gefühle ausdrücken konnte.

Das hatte sie sogar schon getan, doch bis jetzt wussten die meisten, die Alina kannten, noch überhaupt nichts von ihren Plänen.

Bevor Alina nach Hause fuhr, setzte sie sich mit ihrer Oma aufs Sofa. Sie nutzte die Gelegenheit, sich über all ihre Verwandten zu erkundigen.

„Was macht eigentlich der Stefan?", wollte sie wissen.

Ihre Oma lachte: „Von dem hör` ich im Moment nicht viel. Der ist frisch verliebt."

Alina nickte. Die Liebe war etwas, wovon sie wenig verstand, also ging sie nicht näher darauf ein. Stattdessen fragte sie nach ihrem anderen Cousin. „Und der Jakob. War seine Matura schon?"

„Die Schriftliche hat er geschafft...", begann ihre Oma.

„Echt, obwohl er so *wahnsinnig viel* lernt!?!", fuhr Alina dazwischen.

„Ja, ich habe es auch kaum glauben können!", meinte ihre Oma.

„Und war die Mündliche schon?", fragte Alina.

„Nein, die ist erst nächste Woche."

Nachdem sie nach allem gefragt hatte, was ihr noch eingefallen war, verabschiedete sie sich von ihrer Oma und trat ihren Nachhauseweg an.

Alina kam zu Hause an. Sie stellte ihr Fahrrad ab und rannte ins Haus. Hermes begann sofort, da er sie bemerkte, wie wild mit dem Schwanz zu wedeln. Da er im Moment zu faul war, um aufzustehen, klopfte er nur auf den Boden.

„Ja hallo, kleines Dummi", begrüßte sie ihn.

Hermes brummte und schlug noch heftiger mit dem Schwanz, als sie ihn flüchtig am Kopf kraulte. Er würde wohl noch länger wollen, doch Alina verschwand in ihrem Zimmer, um erneut den Computer hochzufahren.

Wieder ein paar Nachrichten von diversen Verehrern! Alina überging sie.

Als sie ein paar Nachrichten von ihr bekannten Personen beantwortet hatte, ging sie nach unten, um sich etwas zu essen zu machen. Sie hatte kaum etwas gegessen, denn obwohl ihre Oma ihr ständig etwas angeboten hatte, war sie, wenn sie nicht gerade sang, meistens eher mit Reden beschäftigt gewesen.

So bestrich sie sich ein Brot und schlang es hinunter, ehe sie vor der Entscheidung stand, welcher ihrer vielen Pflichten sie als Nächstes nachgehen sollte.

Doch bevor sie sich entschieden hatte, fiel ihr erneut die Bettlerin ein. Alina holte ihr Handy aus ihrer Tasche und schaute auf den Bildschirm. Doch die Frau hatte sich noch nicht bei ihr gemeldet. Aber es war auch erst Freitag. Sie würde sich bestimmt bald melden. Auf jeden Fall sollte Alina ihr Handy einmal aufladen. Bald würde diese Person keine Angst mehr haben müssen. Sie wäre sicher und ihre Dankbarkeit würde Alina das Gefühl geben, etwas wert zu sein.

Doch etwas ging Alina immer wieder durch den Kopf. Die Frau hatte das Gefühl gehabt, Alina hätte Angst, ihr zu helfen. Alina wollte nicht, dass sie sich von ihr zurückgestoßen fühlte. Sollte sie ihr sagen, dass sie fremde Situationen und plötzliche Konfrontationen mit Unbekanntem grundsätzlich verunsicherten; dass das nichts mit ihr zu tun hatte. Sollte sich Alina ihr anvertrauen? Sie kannte die Frau nicht und würde sie wahrscheinlich auch nicht wiedersehen. Und selbst wenn wäre es wohl unwahrscheinlich, dass sie Alina für irgendetwas verurteilen würde, schließlich war sie selbst ebenso verwundbar.

Da dachte Alina wieder, dass sie in Wahrheit gar keine Probleme hatte. Diese Frau, sie hatte reale Probleme, während Alinas Probleme einzig in ihrem Kopf existierten. Was bedeutete schon ihr Traum. Ihr war, als wäre sie zum ersten Mal mit echtem Leid konfrontiert worden.

Dennoch hatte Alina all ihr Leid in ihren Songs verarbeitet. Ihre Finger kramten in ihre Schublade. Sie zog einen alten Zettel heraus. Hier hatte sie nach langem Herumprobieren ihren ersten Songtext formuliert:

Long Way

Too long I'm walking through the winded road

Lost in this wood where the wind blows so cold

I'm always walking restless

Slowly my body`s walking down the street

Silence fills my heart, shows me what I`d need

In my mind I`m still homeless

There`s normal life right out here
But I find it`s this normal life, that I fear
It shows I don`t belong there
Oh keep me from getting closer to nowhere

It's been a long way
I`ve wandered alone
Yes in all my life
I`ve wandered alone
So will you take me home
Show me where I belong
Keep me safe and warm
I'm too weak to carry on

All my life I've been living just for me
Building walls, no one else could ever see
So in here I`m all alone
Hiding from the sun, I follow the moon
My head turns and the lights go out so soon
Cause out there I have no home

It seems the lights are rigth here
But then that lights will just disappear

Life seems closer than ever before

But next second the world will just close its door

It's been a long way

I've wandered alone

Yes in all my life

I've wandered alone

So will you take me home

Show me where I belong

Keep me safe and warm

I'm too weak to carry on

So take me home

Take me home

Take me home

It's been a long way

I've wandered alone

yes in all my life

I've wandered alone

So will you take me home

Show me where I belong

Keep me safe and warm

I'm too weak to carry on

So take me home

Take me home

Das war ihr erster Versuch gewesen, ihrem Schmerz und der Leere in ihrem Inneren Ausdruck zu verleihen. Hier hatte sie ihre Probleme in Worte fassen wollen. Doch was für Probleme? Existierte nicht alles bloß in ihrem Kopf? Sie hatte ein ganz normales Leben. Warum wollte sie mehr? Was war die Erfüllung, nach der sie so verzweifelt suchte?

Alina strich erneut über das Blatt. Andi hatte ihr später geholfen, die Musik dazu zu komponieren. Das Ergebnis hatte Alina gleich überzeugt. Es war eine langsame und melancholische Melodie, die tatsächlich Alinas Gefühle zum Ausdruck brachte.

Bevor Alina Andi und seine Freunde kennen gelernt hatte, war ihr Ziel fast unerreichbar gewesen. Doch nun schien es zum Greifen nahe.

Dennoch ließ die Begegnung mit dieser Frau sie zum ersten Mal an seiner Wichtigkeit zweifeln. Es fühlte sich an, als hätte sie zum ersten Mal eine Welt gesehen, die ihr bisher verborgen gewesen war: die Welt der echten Probleme.

Sie schüttelte diese Gedanken ab. Sie würde der Frau aus dieser Notlage heraushelfen und dann weitermachen wie bisher.

So ging Alina hinunter. Inzwischen war ihr kleiner Bruder nach Hause gekommen. Er stand im Vorraum.

„Hallo", sagte er.

„Hallo Ingmar", entgegnete sie.

Er sah sie aus großen Augen an. „Willst du mit mir Video-spielen?", fragte er.

„Eigentlich nicht, aber du nervst mich eh so lange, bis ich es mach`."

„Stimmt."

„Ok, dann hol deinen Nintendo 3DS", gab sie nach.

„JAAA!!!", schrie er und rannte in sein Zimmer, um wenig später mit seinem Nintendo 3DS wiederzukommen.

Alina lief in der Zwischenzeit in ihr Zimmer, um ihren zu holen. „Hast du das Mario Kart 7?", wollte sie wissen.

„Ja klar!"

Alina warf sich aufs Sofa und schaltete ihr Gerät ein.

„Du hast keine Chance gegen mich!", rief Ingmar und setzte sich neben sie.

„Denkst du!"

„Ja, weil du die Kurven nicht schaffst!", meinte er.

„Nur bei manchen Strecken", verteidigte sie sich.

„Ja, und weil ich das Spiel habe, kann ich genau diese Stre-cken nehmen!" Ingmar grinste.

„Dreckskerl!", murmelte sie.

Natürlich war Ingmar die meiste Zeit über weit vor ihr. Selbst wenn sie ihn einmal überholte, blieb er nie lange hin-ten.

Nach zwei Partien kam auch ihr großer Bruder mit seinem Nintendo 3DS.

„JAAA! Endlich ein richtiger Gegner für mich!", rief Ingmar.

Tatsächlich war Gerhard ein würdigerer Gegner für ihn als Alina. Die meiste Zeit über lieferten sich die beiden ein heißes Duell um den ersten Platz, während Alina irgendwo hinten nachfolgte. Jedes Mal, wenn Ingmar von etwas getroffen wurde oder in den Abgrund fiel, fluchte er variantenreich, während Gerhard derartiges weniger laut kundtat.

Nach einer weiteren Partie hörte Alina auf, weil sie der Meinung war, dass Ingmar bestens versorgt war. Er maulte zwar, ließ sie aber gehen. Mit Gerhard hatte er immerhin genug Beschäftigung.

So ging sie in den Keller, um ihr Fahrrad zu holen. Sie schob es auf die Straße und schwang sich auf den Sattel. Alina fuhr los, ohne zu wissen, wohin. Der Wind strich über ihre Haut und wehte ihr Haar nach hinten. Ohne es zu merken, fuhr sie zuerst in Richtung Wald, dann über die Felder und schließlich einen Bach entlang. Jedes Mal, wenn sie einfach mit dem Rad irgendwohin fuhr, war es, als fiele die ganze Last dieser Welt von ihr ab. Fast wie wenn sie sang, gab es für Momente nur noch sie, sie und vollkommene Freiheit.

Doch diese Momente endeten jedes Mal.

Alina kam zu Hause an. Sie schob das Rad wieder in den Keller und ging nach oben. Kurz versuchte sie ihre Gedanken zu ordnen. Verdammt, sie musste ja noch einen Text für ihr Seminar ausarbeiten! So rannte sie in ihr Zimmer und drehte den Computer auf. Während sie den Text aus dem Buch „Das wilde Denken" von Claude Levi-Strauss las, schrieb sie sich auf einem Block das Wichtigste heraus. Morgen würde sie es hoffentlich schaffen, eine Zusammenfassung zu schreiben. Dann konnte sie sich am Sonntag vielleicht intensiv mit anderen Dingen befassen. Dieses Seminar raubte im Moment am meisten Zeit.

Um halb acht unterbrach sie, um die Nachrichten zu schauen. Meistens wurde eh nichts Interessantes berichtet. Auch heute war das nicht anders; es ging um die Bundespräsidentenwahl und natürlich wie immer um die unglaubliche Terrorgefahr hier in Europa. Als ob es nicht viel wahrscheinlicher wäre, dass man von einem Auto überfahren wurde, als dass man bei einem Terroranschlag ums Leben kam! Zumal Alina noch ein paar Seiten Text fehlten, die sie ausarbeiten musste, setzte sie sich nach den Nachrichten wieder vor den Computer.

Ihr Kopf rauchte, als sie schließlich fertig war. Sie hatte sich insgesamt mehrere Seiten Inhalt herausgeschrieben, die sie noch zusammenfassen musste. Während sie sich schnell etwas zum Abendessen machte, beschloss sie, heute früh ins Bett zu gehen; sie würde morgen all ihre Energie brauchen.

Ingmar wollte, dass sie noch aufblieb, doch sie wies ihn zurück. „Mann, immer gehst du ins Bett!", maulte er.

Alina legte sich hin und flüchtete sich erneut in Träume. Es waren noch dieselben Fantasien, mit denen sie einst die Realität bezwungen hatte. Doch irgendwann hatte diese sie eingeholt. Ihre Tagträume boten ihr noch Ablenkung, doch nicht mehr. Ihr Leben lang war sie allein durch die Welt geirrt, immer auf der Suche nach einem Ort, an den sie gehörte; einem Menschen, der sie verstand. So hatte sie in ihrer Fantasie eine Welt erfunden, in der sie nicht wehrlos war; hatte einen Menschen erfunden, mit dem sie alles teilen konnte, der auch alleine gegen den Rest der Welt war; jemanden, der sie genauso brauchte, wie sie ihn. So waren sie schließlich gemeinsam gegen den Rest der Welt gewesen. Zu dieser Zeit hatte sich Alina diesem Konstrukt ihrer Fantasien näher gefühlt als jedem realen Menschen. Selbst als sie gemerkt hatte, dass diese Fantasien zwischen ihr und der echten Welt standen, hatte sie sich nur noch fester an diese Träume geklammert, denn die Realität hatte ihr nichts geboten. Sie hatte sich in das Leid dieser Phantasiegestalt hineinversetzt, dem sie sich so nah gefühlt hatte. Sie hatte alle Hemmungen vergessen und sich diesen Träumen hingegeben. Erst, als das Leid dieser fiktiven Person ihr Herz zerrissen hatte, hatte Alina gespürt, dass sie selbst real war.

Doch irgendwann war all das zerbrochen. Denn diese Träume hatten sich nicht länger echt angefühlt. Alina hatte versucht, daran festzuhalten, doch dieser Zufluchtsort war ihr nach und nach entglitten. Schließlich war nichts von alledem geblieben; nichts als die Zerrissenheit zwischen dem Wunsch, sich anderen Menschen nahe zu fühlen und dem Schmerz, den sie seit jeher mit ihnen verband.

Irgendwann hatte sie erkannt, dass es keinen Sinn hatte, von einer anderen Welt zu träumen; man musste sich diese Welt schaffen! So hatte sie einen neuen Traum entwickelt: einen, den sie zur Realität machen würde! Sie wusste, nur so konnte sie die Schatten der Vergangenheit hinter sich lassen. Vielleicht würde sie der Welt verzeihen können, vielleicht würde sie sich selbst verzeihen können. Vielleicht würde sie im Erfolg Frieden finden können.

Alina erwachte am nächsten Morgen. Eigentlich blieb sie in der Früh gerne noch etwas im Bett, doch das konnte sie nicht. Schon lange hatte sie das Gefühl, Zeit zu verlieren, wann immer sie nichts Produktives tat. So wusch sie sich, zog sich an und putzte sich die Zähne. Das alles erledigte sie so schnell wie möglich. Auf den Einsatz von Make-up verzichtete sie wie üblich. Nachdem sie ihre morgendliche Routine getan hatte, nahm sie sich ihre Notizen von gestern und begann die Zusammenfassung zu schreiben. Es war nicht immer leicht herauszufiltern, was wirklich wichtig war.

Als sie zur Hälfte fertig war, beschloss sie eine Pause zu machen. Diesen Tag hatte sie sich bewusst freigehalten, denn sie wollte dieses Wochenende zumindest mit der Pflichtliteratur fertig werden. Dann hätte sie noch drei Wochen bis zu den Prüfungen.

Doch sie konnte nicht anders, als voller Freude und Aufregung an morgen zu denken. Endlich würde sie ihre Freunde treffen und konnte mit Andi über ihre Kunst sprechen. Sie hatte lange nichts von ihm gehört und war neugierig, wie seine letzte Tour gewesen war. Außerdem wollte sie darüber reden, wie sie ihre Pläne in die Tat umsetzen konnte. Letztens hatte er ihr geschrieben, er habe eine Idee, wie sie ihr Ziel erreichen konnte. Alina vertraute Andi. Er wusste, wie sie am besten vorgehen sollte. Denn obwohl er noch nicht dauerhaft von der Musik leben konnte, hatte er doch schon ein bisschen einen Namen und viele Kontakte.

Sie seufzte. Es war lange her, seit sie ihn das letzte Mal gesehen hatte. Sie beide waren sehr beschäftigt gewesen. Doch Andi wollte sich, nachdem er eben von seiner Tour zurückgekommen war, eine kleine Auszeit gönnen.

Alina setzte sich ans Klavier und spielte erneut die Demi Lovato-Version von „Let It Go". Das Lied hatte sie sofort begeistert, vor allem, da der Text mal etwas anderes war als das, was man ständig hörte. Sie hatte es so oft gespielt und gesungen, dass sie es mittlerweile auswendig konnte.

„Let it go- Let it go- Can't hold it back anymore- Let it go- Let it go- Turn my back and slam the door...", sang Alina.

Sie wünschte, sie könnte wie die Person in diesem Lied der Welt, wie sie sie bisher gekannt hatte, den Rücken kehren.

Alina sang all die Zeilen, die sie von Anfang an inspiriert hatten. „Up here in the cold thin air, I finally can breathe- I know I left a life behind, but I'm too releaved to grief..."

Wenn Alina bloß ihr ganzes bisheriges Leben hinter sich lassen könnte! Sie war entschlossen, es zu tun.

Etwas später beendete sie die Zusammenfassung. Sie ging in die Küche, wo ihre Mutter bereits das Essen zubereitete.

„Morgen Mama!", rief sie.

„Morgen", erwiderte ihre Mutter.

„Was machst du heute?", fragte sie.

„Spaghetti."

„Ah, gut", meinte Alina. Eine Weile blickte sie aus dem Fenster. „Ich hab jetzt die Zusammenfassung einmal fertig geschrieben", erzählte sie.

„Ah, super!", rief ihre Mutter.

Alina schaute auf die Uhr. „Ah, es ist noch etwas Zeit bis zum Essen", bemerkte sie.

„Ja, ich brauch sicher noch länger", entgegnete ihre Mutter.

„Ich bin bis 12 wieder da", sagte Alina und holte ihr Fahrrad. Nachdem sie den Großteil des Vormittags gelernt hatte, musste sie sich erholen. An der frischen Luft ging das am besten. So radelte sie in Richtung Felder, am Bach vorbei. Sie hielt kurz an, um ein paar Kirschen von Baum zu pflücken. Sie schloss die Augen und ließ den Wind über ihr Haar streichen. Langsam entspannte sie sich. Am liebsten würde sie für immer hier bleiben. Doch bald war es Zeit für sie zurückzukehren. So fuhr sie auch schon wieder nach Hause, um pünktlich zu Mittag da zu sein.

Beim Essen redete die meiste Zeit über Ingmar. „Ich spiele jetzt wieder Deadspace 2", erzählte er.

„Aha, zum wievielten Mal spielst du das jetzt?", wollte Gerhard wissen.

„Ich habe es schon zweimal durchgespielt. Dazwischen habe ich es einmal angefangen. Und jetzt habe ich es wieder angefangen", erklärte Ingmar.

„Na, so schlimm ist das ja gar nicht", meinte Alina.

„Dann war das Half Life, das du hundertmal gespielt hast", meinte Gerhard.

„Ja, das ist dann irgendwann fad geworden!", redete Ingmar weiter. „Deswegen spiel ich jetzt wieder Dead Space."

„Aha, du meinst, so lange, bis das auch fad wird!", lachte Gerhard.

„Ja genau. Das Spiel ist echt brutal! Da ballert man auch auf Menschen. Die Mama würde das sicher nicht mögen.", meinte Ingmar.

„Ja, deswegen schau ich es mir auch gar nicht an", meldete sich ihre Mutter zu Wort.

„Aber eine Stelle muss ich dir unbedingt zeigen, die ist so eklig!", rief Ingmar.

„Nein, lieber nicht", versuchte Alinas Schwester Emma ihn davon abzubringen.

„Genau, sonst verbietet sie dir das Spiel!", scherzte Adriana, Alinas kleine Schwester.

„Daran halt ich mich sowieso nicht!", erklärte Ingmar.

„Ja, du hältst dich nie an irgendetwas", sagte ihre Mutter.

Nach dem Essen stand Alina auf und brachte ihren Teller zur Abwasch. Hermes kam zu ihr. Er wedelte mit dem Schwanz und wollte gestreichelt werden. Alina kraulte ihm kurz den Kopf.

Dann ging sie nach oben. Sie drehte den Computer auf, um ihre Nachrichten zu kontrollieren. Sie hatte vier bekommen.

„Nein, nicht der Trottel wieder!", stöhnte sie.

Einer ihrer Verehrer war besonders aufdringlich. Er wollte einfach nicht kapieren, dass Alina ihn nicht persönlich kennen lernen wollte. Obwohl sie ihm schon seit geraumer Zeit nicht mehr antwortete, schrieb er ihr doch immer wieder. Erst wollte sie seine Nachricht gar nicht lesen. Doch dann öffnete sie sie, scheinbar ohne ihr Zutun.

„Ich liebe dich. Ich will den Rest meines Lebens mit dir verbringen. Ich will wirklich etwas Ernstes mit dir. Aber du ignorierst mich. Wieso tust du das?"

Alina verdrehte die Augen. Was wollte er? Er kannte sie nicht! Er wusste absolut nichts über sie. Das hier war einfach realitätsfremd.

Sie beschloss, nicht zu reagieren. Stattdessen schaute sie sich die anderen Nachrichten an. Zwei waren schnell beantwortet.

Die dritte war von Andi. Alina war überrascht, dass er ihr schrieb.

„Hallo, Alina. Hoffe, ich stör` dich nicht. Ich habe nur gerade an deine Songtexte gedacht. Sie sind ganz anders, als was man sonst so zu sehen und zu hören bekommt. Es ist gut, wenn du etwas möglichst Individuelles machst. Natürlich ist es schwerer, so was auf den Markt zu bringen. Aber langfristig ist es immer besser, sich von der Masse abzuheben."

Alina lächelte. Kurz überlegte sie, ehe sie zu schreiben begann:

„Ich weiß. Es fällt mir immer schwer, einzuschätzen, was die Menschen hören wollen. Aber am Ende will ich das auch möglichst nicht über meinen Stil bestimmen lassen. Ich glaube, man ist nur dann ein echter Künstler, wenn man das tut, was man selber tun will!

Aber ich wollte bewusst etwas anderes machen, weil es mich nervt, dass man immer nur dieselben Themen zu hören kriegt. Es geht immer um irgendwelche Liebesbeziehungen; entweder ist man glücklich verliebt oder unglücklich verliebt oder es geht um irgendwelche Beziehungskrisen. Ich meine, natürlich sind das wichtige Themen und so ziemlich jeder wird das alles irgendwann in seinem Leben durchmachen. Aber wenn man das Radio aufdreht, könnte man glauben, es gäbe nichts anderes auf dieser Welt. Deswegen wollte ich über andere Sachen schreiben."

Alina las die Nachricht noch einmal. Dann schickte sie sie ab. Ihr Song „See him clear" war in diesem Contest entstanden. Es ging auch um eine Beziehung, aber in einer etwas anderen Art.

Es ging auch hier um Liebe; um eine enge Beziehung zwischen zwei Menschen. Doch es war nicht eine oberflächliche Verliebtheit, oder ein 0815- Beziehungsstreit. Sie besang auch nicht die scheinbare Perfektion ihres Angebeteten. Vielmehr ging es um die Liebe zu einem Menschen, der sich zuerst von seiner hässlichen Seite zeigte und um den Glauben an das Gute in ihm.

Im Laufe des Tages schaffte sie es tatsächlich, fast alle ihre Pflichttexte durchzuarbeiten. Die zwei noch ausständigen wollte sie sich für morgen Vormittag aufheben.

So machte sie ihrem kleinen Bruder die Freude und blieb mit ihm lang auf. Auch ihre anderen Geschwister gingen noch nicht ins Bett. So redeten sie bis nach Mitternacht.

Am nächsten Morgen stand sie früh auf. Die beiden Pflichttexte kosteten sie fast den ganzen Vormittag.

Doch nach dem Mittagessen schwang sie sich auf ihr Fahrrad und fuhr in Richtung Hornstein, wo Andi wohnte. Endlich würde sie sich wieder mit ihren Freunden über ihre Kunst austauschen können.

Sie hielt wenig später vor seinem Haus und klingelte an der Tür. Andi öffnete. „Ah, Hallo!", rief er. Die beiden umarmten einander flüchtig. Dann winkte er sie hinein. In seinem Vorraum stand bereits Helena, seine Freundin und ebenfalls Musikerin. Daneben stand ein junger Mann, den Alina nicht kannte.

Andi bemerkte ihre Verwirrung. „Das ist Jakob, das neue Mitglied in meiner Band. Er spielt Gitarre", erklärte er. Dann nickte er zu Alina: „Alina, eine Freundin von mir. Sie ist auf dem Weg, Sängerin zu werden."

Alina lächelte Jakob zu.

„Hallo", sagte er.

„Wenn alle da sind, dann können wir doch los, oder?", meinte Helena.

„Ja", antwortete Alina „Und wo soll`s hingehen?"

„Ich hatte mir gedacht, dass wir zur Leitha fahren", sagte Andi.

„Ok", war Alina einverstanden.

„Ich meine, wenn du heute noch viel zu tun hast, dann können wir auch etwas Kürzeres machen", erwiderte Andi.

„Nein, ich habe heute alles erledigt."

„Gut, dann fahren wir."

Die vier schwangen sich auf ihre Räder und fuhren los. Wenig später kamen sie beim Fluss an. Alina stellte ihr Rad an eine sichere Stelle und ging zum Ufer.

„Wann hast du zu singen begonnen?", fragte Jakob an Alina gewandt.

„Schon sehr früh. Aber Unterricht nehme ich, seit ich 13 bin", antwortete sie.

„Bist du bei irgendeinem Chor dabei?", wollte Jakob wissen.

Alina schüttelte den Kopf. „Nein, mir war Einzelunterricht immer lieber. Ich habe als Kind immer bei meiner Oma gesungen. Sie hat früher auch unterrichtet. Irgendwann habe ich beschlossen, dass ich es richtig lernen will. Zuerst hat mir meine Oma einige Techniken beigebracht. Dann habe ich beschlossen, einen richtigen Lehrer zu suchen. Zuerst habe ich bei einer Sängerin in Steinbrunn gelernt. Jetzt habe ich einen Lehrer in Wien."

„Ah, cool", meinte Jakob. „Meine Eltern haben mich schon mit fünf in einen Gitarrekurs geschickt. Sie sind so auf Leistung. Deswegen hatte ich auch extremen Stress, immer gute Noten zu schreiben."

„Ist ja voll blöd", meinte Alina. „Ich finde, so was gehört verboten."

„Ja, es wäre bestimmt einfacher gewesen, wenn sie mich nicht so unter Druck gesetzt hätten", erwiderte Jakob.

Kurz schwiegen sie beide. Dann meinte er: „Ich glaube, Andi hat dich schon früher einmal erwähnt. Du studierst, oder?"

„Ja."

„Was ich gehört habe, sollst du ziemlich erfolgreich in deinem Studium sein", sprach er weiter.

„Ja, aber ich mach` außer Singen und Studieren nicht viel."

„Wieso nicht?", wollte er wissen. „Ich meine, wenn du gute Noten schreibst und viele Prüfungen machst, dann könntest du es ja auch entspannter angehen, oder?"

Alina lachte. „Rein theoretisch schon. Aber ich habe bei jeder Prüfung Angst durchzufallen. Dabei hatte ich bis jetzt noch nichts Schlechteres als einen Dreier. Vielleicht mach ich mir den ganzen Stress auch nur selbst. Aber ich habe eine ständige Angst vor dem Versagen. Ich glaube, ich krieg` deswegen so gute Noten, weil ich es einfach nicht entspannt angehen kann. Ich bin für mich wohl, was deine Eltern für dich sind."

„Ich weiß nicht", meinte Jakob. „Interessiert dich dein Studium?"

„Ja." Alina war überrascht über diese Frage.

„Mich hat die Schule nie interessiert. Ich musste aber trotzdem immer gut darin sein. Ich glaube, wenn einen etwas interessiert, ist es gut, einen großen Teil seiner Energie darin zu investieren. Egal, ob es um dein Studium oder um deine Gesangskarriere geht, wenn du etwas wirklich willst, dann sollst du es auch mit allem, was dazu nötig ist, verfolgen. Aber niemand soll sich von jemandem anderen vorschreiben lassen, wie er sein Leben gestalten soll."

Alina nickte. Sie blickte gedankenverloren auf das vorbeifließende Wasser.

Eine Weile schwiegen sie beide. Dann fragte Jakob: „Unterstützen dich deine Eltern bei deinen Plänen?"

Alina atmete tief. „Also bei meinem Studium zu 100 Prozent. Aber das mit meiner Gesangskarriere nimmt keiner richtig ernst. Sie zahlen mir zwar den Unterricht, aber sie sehen darin nicht mehr als ein beliebiges Hobby. Die ganze Zeit sagen sie mir, wie unwahrscheinlich es ist, dass ich je davon leben kann. Mein Vater behauptet, es zu versuchen sei, wie Lotto zu spielen. Er will nur, dass ich studiere. Wenn es nach ihm ginge, würde ich alles andere hinten anstellen. Weil wenn ich mein Studium schaffe, und dann irgendeinen 0815 Bürojob mache, dann bin ich materiell versorgt und alles andere ist ihm wurscht!

Manchmal tut er so, als ob ich ein schlechter Mensch wäre, weil ich mehr will. So auf: `Es gibt Menschen, die haben zu wenig zu essen, es gibt Menschen, die sind blind` und so weiter."

Alina machte eine kurze Pause. Sie warf einen Stein ins Wasser und sah zu, wie es nach allen Seiten wegspritzte. „Ich meine, was soll das für ein Argument sein? Natürlich gibt es Menschen, die größere Probleme haben als er selbst. Aber so ziemlich jeder wird andere finden, die größere Probleme haben. Hat jetzt niemand mehr das Recht, unzufrieden zu sein? Also, für mich ist es einfach: Wenn man das Gefühl hat, dass einem im Leben etwas fehlt, dann ist das ein reales Problem!"

„Da hast du vollkommen Recht", meinte Jakob. „Du solltest deine Träume verfolgen, egal was andere davon halten. Denn es ist dein Leben! Wenn dein Vater mit einem 0815 Bürojob zufrieden ist, dann ist das in Ordnung. Aber du bist nicht verpflichtet, so zu leben wie er, geschweige denn so zu denken wie er."

Alina nickte. Nur wenn sie bei Andi und seinen Freunden war, war Alina frei, ohne das Gefühl, verstecken zu müssen, wer sie wirklich war. Seit jeher war Alina in einer Welt gefangen gewesen, in die sie nicht gehörte. Ihr Leben lang hatte diese Welt sie erstickt. Nun waren die Treffen mit Andi die einzigen Momente, in denen sie atmen konnte.

„Ich muss noch etwas mit Andi besprechen", erklärte sie.

„Der ist gerade mit Helena beschäftigt, glaube ich." Jakob schmunzelte.

„Ah... ja", bemerkte Alina, als sie den Kopf drehte. Andi und Helena saßen eng umschlungen am Flussufer.

„Was wolltest du mit ihm besprechen?", fragte Jakob.

„Ich habe vor, bald ernsthaft zu starten und Andi kann mir sagen, wie."

Eine Weile schwieg sie und warf Steine ins Wasser. Das immer wiederkehrende Platschen zog sie einen Moment lang in seinen Bann; ließ sie, sich der Realität zu entfernen. Sie ging ein paar Schritte in den Fluss, bis sie bis zu den Knien im Wasser stand. Es umfloss sanft ihre Beine. Leider hatte sie keine Badekleidung mit, denn es war ein sehr warmer Tag. Alina blickte auf die sich im Wind sachte beugenden Zweige der Pappeln und Weiden am anderen Ufer. Kurz verloren sich ihre Gedanken in diesem Anblick.

Doch dann kam Andi zu ihnen. „Hallo!", sagte er.

Alina nickte kurz. Sie überlegte, wie sie das Thema am besten ansprach.

Andi ließ einen Stein übers Wasser hüpfen. „Weißt du noch, wie das geht?", fragte er.

„Wie's geht, weiß ich schon", antwortete Alina, „aber ich kann es nicht."

Jakob lachte. „Wieso, was ist daran so schwer?", wollte er wissen. Er hob einen flachen Stein auf und schleuderte ihn auf das Wasser. Er sprang mehrere Male über die Oberfläche, ehe er unterging.

Alina wurde unruhig, denn sie wollte endlich all ihre Fragen beantwortet wissen. Doch zu ihrem Glück sprach Andi das Thema an: „Ich habe eine Weile überlegt, wie wir dich am besten erstmals der Öffentlichkeit präsentieren", sagte er „Du weißt ja, ich habe Kontakt zu einigen Produzenten. Aber so berühmt, dass sie sich für dich interessieren werden, nur weil du mit mir befreundet bist, bin ich noch nicht. Du hast leider in deinem Lebenslauf nicht allzu viel vorzuweisen. Ein paar Gemeindeaufführungen werden einen anerkannten Musikproduzenten nicht überzeugen."

Alinas Herz setzte einen Schlag aus, ehe Andi weitersprach: „Deswegen müssen wir sie auf andere Weise auf dich aufmerksam machen. Die Videos, die du vorgeschlagen hast, sind eine gute Möglichkeit. Ich habe auch Kontakte zu einem Kamerateam. Ich habe ihnen deine Ideen gesagt und sie sind bereit, die Videos zu drehen.

Du musst wissen, dass unglaublich viele Menschen versuchen, über Youtube bekannt zu werden und den meisten bringt es genau nichts. Aber ich denke, ich bin gut genug vernetzt, dass ich dafür sorgen kann, dass deine Videos gesehen werden. Wenn sie genügend Resonanz bekommen, dann werden sich wahrscheinlich auch meine Produzenten dafür interessieren."

Alinas Herz begann höher zu schlagen. Es gab also tatsächlich eine Möglichkeit. Nach all den Jahren, endlich!

„Da ist noch etwas", sagte Andi. „Die Videos werden sehr aufwändig und die Macher sind Profis. Das Ganze wird dich also einiges kosten. Aber du hast meines Wissens eh Ersparnisse."

Alina nickte. Sie wusste nicht genau, wie viel Geld sie hatte. Doch nachdem sie ihre gesamte Kindheit über kaum etwas ausgegeben hatte, war es wahrscheinlich genug.

„Also, das Video für „Long Way" würde ich am ehesten im Herbst drehen. Du solltest dir bis dahin die Orte genau überlegen."

„Ich hab mir schon ein paar überlegt", meinte Alina. „Ich war letztens im Wald, um mir die Gegend anzusehen. Es sind ein paar Stellen, die ich für geeignet halte."

„Gut. Am besten schreibst du einmal ein ganz genaues Konzept nieder. Wir können das natürlich noch gemeinsam überarbeiten. Aber es ist wichtig, dass du einmal weißt, was bei jeder Zeile, die du singst, zu sehen sein soll. Die Tonaufnahmen können wir, wenn du magst, bei mir zu Hause machen", schlug Andi vor.

„Ja, das wäre gut", meinte Alina.

„Die Videos sollten überzeugen. Du hast großes Glück, dass du vor der Kamera verdammt gut kommst." Eine Weile dachte Andi nach. Dann grinste er. „Deswegen findet auch dein Facebookprofil bei den Typen solchen Anklang."

Alina verzog den Mund. „Ich verstehe manche dieser Typen nicht. Und da sagen alle, Männer seien rationaler als Frauen. Ich werde mich mal nicht näher dazu äußern."

„Aber du kannst diesen Aspekt zu deinem Vorteil nutzen", meinte Andi.

„Ich weiß", meinte Alina. „Ich finde das Ganze auch recht amüsant. Und es ist gut zu wissen, dass ich eine Wirkung auf andere Menschen habe - zumindest auf Fotos."

„Also ich würde sehr vorsichtig sein", mischte sich Helena ein.

„Wieso? Solange ich meine Kontaktdaten nicht bekanntgebe und mich nicht persönlich mit diesen Typen treffe, kann nicht viel passieren", meinte Alina.

„Mir ist aufgefallen, dass du auf einigen der Fotos Make-up trägst. Hat mich gewundert, weil du das normalerweise nicht tust", meinte Andi.

Er zog den Fuß durchs Wasser. Kurz sah man seine Spur auf der Oberfläche, als hätte etwas durch sie geschnitten.

Alina tat es ihm gleich. Gedankenverloren sah sie zu, wie das Wasser ihren Bewegungen auswich. Sie trat gegen die Oberfläche, sodass es wegspritzte.

„Ja, ich wollte sehen, wie es ankommt. Schließlich ist es in meinem angestrebten Beruf auch unverzichtbar. Ich hab früher nie verstehen können, wieso andere Frauen so viel Zeit darin investieren; wo sie die ganze Zeit überhaupt hernehmen."

Sie seufzte tief. „Ich habe meinen Eltern nichts von alledem gesagt", murmelte sie.

„Wovon?", hinterfragte Helena.

„Von all meinen Verehrern. Mein Vater weiß noch nicht einmal, dass ich auf Facebook aktiv bin. Er steht sozialen Netzwerken sehr negativ gegenüber. Er würde das alles nicht wissen wollen. Weil da stell ich Bilder von mir hin und die sind dann öffentlich sichtbar und oh Gott, dann kommt gleich die NSA und vergewaltigt mich!", rief Alina.

Helena kicherte. „Echt, so stellt er sich das vor?"

„Also nein, nicht genau so. Aber er ist diesbezüglich sehr paranoid und urteilt auch sehr schnell über etwas, ohne eine Ahnung davon zu haben."

„Du erzählst deinen Eltern nicht viel von dir, oder?", wollte Jakob wissen.

„Das kommt darauf an. Wenn ich wieder eine Prüfung bestanden habe, dann erzähl ich ihnen das, weil das etwas ist, was sie hören wollen", erklärte Alina.

Alinas Vergangenheit hatte sie gelehrt, dass sie, wenn sie akzeptiert werden wollte, bloß nicht sein durfte, wer sie war.

„Ich hab meinen Eltern von meinem ersten Freund auch nichts erzählt", meinte Helena. „Dabei hätten sie es mir sicher nicht verboten. Aber ich wollte ihre ach so weisen Ratschläge nicht hören."

„Kann ich gut verstehen", meinte Alina. Sie schleuderte einen flachen Stein ins Wasser, in der Hoffnung, dass er wegspringen würde. Doch er ging einfach unter.

„Manchmal ist es einfacher, sich nicht so zu geben, wie man ist", murmelte Andi. Er blickte in die Ferne, anscheinend tief in Gedanken.

„Manchmal ist es auch besser, die Klappe zu halten, weil die Leute das, was man sagt, eh so verdrehen, wie sie es haben wollen", rief Alina. Diese Worte waren ganz spontan aus ihrem Mund gekommen.

„Was meinst du?", wollte Jakob wissen.

„Naja, dass die Leute eine bestimmte Vorstellung von einem haben und die wollen sie bestätigt wissen. Dann sehen sie nur noch das, was für ihre Meinung spricht. Alles, was sie eventuell widerlegt, übersehen sie. Manchmal sehen sie dann auch etwas, das gar nicht existiert."

„Ja, in der Psychologie nennt man das Confirmation Bias", meinte Helena.

„Das Schlimmste ist, dass die Leute dann oft frei etwas erfinden und dann nicht mehr wissen, dass das nur ihrer Fantasie entstammt", meldete sich Andi.

Alina lachte bitter. „Ja, das kenn ich leider nur zu gut."

„Ich glaube, jeder, der nicht immer mit dem Strom schwimmt, kennt das", sagte Jakob.

In diesem Moment hatte Alina das Gefühl dazuzugehören, etwas, das sie nur bei ihren Freunden kannte.

„Ich war immer das schwarze Schaf", erzählte sie, wusste dann aber nicht mehr, wie sie weiterreden sollte. Also beschloss sie, das Thema zu wechseln: „Es ist auch krank, wie schnell einen die Leute als irrational abtun, wenn man anderer Meinung ist. Sie legen einem dann wahllos irgendwelche Aussagen in den Mund, die zu dem Bild, das sie von einem haben, passen. Früher wurde mir bei Diskussionen mit meiner Familie oft erklärt, dass ich nicht rational denken kann. Weil die anderen dieses Bild von mir hatten, haben sie mir Aussagen in den Mund gelegt, die dazu passen.

Ich hab zum Beispiel einmal gesagt: „Wenn man jemanden beurteilt, muss man berücksichtigen, wie er so geworden ist, wie er ist." Daraus gemacht wurde: „Jeder, dem je ein Unrecht getan wurde, kann tun und lassen, was er will. Punkt!"

Und tut mir leid, aber „Muss berücksichtigt werden" ist nicht gleichbedeutend mit „rechtfertigt alles". Und dann wurde ständig darauf herumgeritten, dass ich angeblich diese Meinung vertrete, auch wenn es gerade gar nichts zur Sache getan hat. Und dieses Beispiel war übrigens kein Einzelfall.

Ach ja, und Jahre später wurde mir noch vorgeworfen, dass man mit mir nicht diskutieren kann, weil ich alles gleich persönlich nehme! Nur „du kannst nicht rational denken" ist ja wohl schon ein persönlicher Angriff und keine sachliche Kritik! Und wenn einem jemand jegliche Fähigkeit zum rationalen Denken abspricht und das wegen etwas, das man überhaupt nie gesagt hat, dann kann man das ja wohl schon persönlich nehmen!"

Andi ließ ein unterdrücktes Lachen hören. „Ja, es ist eben einfacher, jemanden als irrational abzutun, als sich sinnvolle Argumente einfallen zu lassen", meinte er.

Alina redete weiter: „Es ging in der Diskussion um ein konkretes Beispiel. Ich habe über eine Person gesagt, dass sie nicht böse sei. Später habe ich über eine andere Person aus einer Geschichte gesagt, dass sie sich nicht realistisch verhalte. Aber anstatt, dass das sachlich widerlegt wurde, hat man mir gesagt: „Ja, aber eigentlich widerspricht es doch deinen Moralvorstellungen, über diese Person schlecht zu denken, schließlich hat sie ja schlechte Erfahrungen gemacht". Das ist jetzt aber schon ziemlich niveaulos! Ich meine, wenn weder die Personen, noch das, worüber man urteilt, auch nur irgendetwas miteinander zu tun haben, dann kann man wohl kaum vom Einen auf das Andere schließen, nur, weil die Personen vielleicht *irgendeine* oberflächliche Gemeinsamkeit haben. Aber klar, wenn jemand *dieses* Verhalten persönlich nimmt, dann ist eine vernünftige Diskussion eindeutig unmöglich!"

„Ja, das hört sich nach ziemlich vielen Strohmannargumenten an", meinte Helena. „Das heißt, wenn man eine Position angreift, die auf den ersten Blick so aussieht wie die des anderen, es aber de facto nicht ist."

„Andi, wie hältst du es mit so einer Besserwisserin bloß aus?", wollte Jakob wissen.

„Ach, das geht schon irgendwie", antwortete er.

Alle lachten. Doch hinter Alinas Lachen verbarg sich ein tiefer Schmerz, der sie schon ihr Leben lang begleitete. Wenn sie sich auf ihr Studium oder ihre Kunst konzentrierte, konnte sie ihn verbergen, doch er war immer da. Aber Alina sprach nicht darüber. Sie fraß seit Jahren alles in sich hinein, denn die Menschen wollten die Wahrheit nicht hören. Seit sie denken konnte, hatte sie andere Menschen auf sich herumtrampeln lassen; war zu schwach gewesen, sich zu wehren. All die Worte klangen noch in ihr nach, gemischt mit ihren eigenen stummen Schreien der Wut. Jedes Mal, wenn andere sie verletzt hatten, hatten diese es spätestens nach einer Minute vergessen, während sie es niemals vergessen würde. Denn die Wahrheit war, dass Alina andere Menschen brauchte, doch niemand würde sie je brauchen. So wäre sie immer voll und ganz auf die Gnade aller anderen angewiesen. Es sei denn, sie fand ihre Kraft in etwas anderem.

Als es zu dämmern begann, beschloss Andi, dass es Zeit war, nach Hause zu fahren. Alina schwang sich auf ihr Rad und fuhr los. Andis Pläne kamen ihr wieder in den Sinn.

Schon bald würde sie ihren Aufstieg beginnen; würde sich ihre Welt verändern! Alinas Herz begann zu rasen. Sie musste alles vorbereiten!

Bei Andis Haus verabschiedeten sie sich voneinander und Alina raste den restlichen Weg nach Hause.

Dort angekommen stürmte sie in ihr Zimmer. Sie nahm ihre dicke rote Geldbörse aus der Schreibtischlade und holte den gesamten Inhalt heraus. Mit zittrigen Fingern sortierte sie das Geld nach Hundertern, Fünfzigern und alles Kleinere. Sie atmete tief durch und begann zu zählen. Sie kam auf knapp über 3000 Euro. Das würde bestimmt für ein paar Videos reichen. Vor allem, da sie auch noch einiges auf der Bank hatte. Wie viel genau, wusste sie nicht.

Alina schloss die Augen und atmete tief durch. Jetzt lag es an ihr, ihr Konzept für die Videos auszubauen.

Sie ging hinunter. Im Wohnzimmer war ihre kleine Schwester und hörte Musik. Alina hatte es vorhin nicht bemerkt. Sie erkannte das Lied: „The best and the worst" von Leona Lewis. Alina konnte diese Zeilen auswendig: *„So I'm taking the hurt, bruises and wounds, tearing it down, to build something new, sometimes a lie makes you search for the truth, sometimes the worst brings the best out of you"*

Unwillkürlich fragte sie sich, ob es ehrliche Worte waren.

Keine Papiere

Am Montag wurde Alina von ihrem Wecker aus dem Schlaf gerissen. Sie stand auf und schaltete ihn aus. Dann begann sie, sich anzuziehen. Eigentlich hätte sie noch länger schlafen können, doch sie beeilte sich in der Früh nicht gerne. Nachdem sie gefrühstückt hatte, überlegte sie, was sie im Zug lernen wollte. Eine Weile kramte sie in ihren Stapeln aus Zetteln. Schließlich beschloss sie, die Pflichttexte für „Einführung in die Anthropologie der Genderforschung" mitzunehmen. Kurz nach 9:30 Uhr machte sie sich dann auf den Weg.

Beim Bahnhof schaute sie auf ihr Handy. Die Bettlerin hatte noch immer nicht angerufen! Langsam machte sich Alina Sorgen. Was, wenn sie ihr unabsichtlich die falsche Nummer gegeben hatte? So wie diesem Typen, mit dem sie eigentlich eh nicht reden hatte wollen? Was dachte die Frau gerade? Etwa, dass Alina sie belogen hatte? Was, wenn ihr etwas Schlimmes geschehen war? Alina atmete tief durch. Sie würde auf jeden Fall wie vereinbart um 2 Uhr vor der Hauptuni stehen.

Der Zug kam und riss sie aus ihren Gedanken. Sie schulterte ihren Rucksack und eilte auf den Bahnsteig.

Sobald sie im Zug saß, holte sie ihre Texte heraus und wiederholte das Wichtigste. In Gedanken sagte sie sich die Stellen, die sie markiert hatte, immer wieder vor.

Der Zug hielt in Meidling und Alina stieg aus. Sie hatte noch eine Dreiviertelstunde, bis sie sich auf den Weg zur Uni machen musste. So ging sie auf die Hauptstraße, um sich die diversen Geschäfte anzusehen.

Ein *Müller* war direkt neben dem Bahnhof. Sie schlenderte an den Regalen voll von Beauty-Produkten vorbei und überlegte, welchen Look sie bei ihrem ersten Video tragen sollte. Alina hatte sich selber nie schön gefunden. Doch bei so vielen Verehrern, wie sie auf Facebook hatte, konnte sie wohl nicht schlecht aussehen. Eigentlich hatte sie einiges, was als schön galt: sie war schlank, mit langen Beinen, hatte blaue Augen und langes, welliges, braunes Haar. Mit professionellem Make-up und Styling konnte sie bestimmt so richtig gut aussehen.

Vielleicht konnte Helena ihr dabei helfen, überlegte Alina. Sie wusste schließlich, wie sie das Beste aus sich herausholte.

Alina schaute auf die Uhr. Verdammt! Sie hatte nur noch eine halbe Stunde, um zur Uni zu kommen. So schnell sie konnte, eilte sie die Rolltreppe hinauf und verließ das Geschäft, um wieder zum Bahnhof zu rennen. Auf dem Weg wurde sie aufgehalten.

„Entschuldigen Sie". Vor ihr stand eine kleine, schwarzhaarige Frau. „Wir kämpfen für den Fortbestand der Pandabären."

„Ich habe es eilig", entgegnete Alina. Sie wusste, dass die Frau ihr Geld wollte und sie brauchte es selbst! Sie würde heute noch genug loswerden.

„Oje!", sagte die Frau. „Na, ich rede so schnell, dass sich die Uhr rückwärts dreht."

„Nein, ich habe es eilig!"

„Bitte, nur zwei Minuten. Die Pandas brauchen deine Hilfe."

Alina ging weiter. Sie hatte keine Zeit für eine Diskussion.

„Schönen Tag noch", konnte sie die Frau sagen hören.

Alina rannte die Rolltreppe hinunter. Was genau war an „Ich habe es eilig!" eigentlich so schwer zu verstehen? Sie war schon oft von Spendensammlern angesprochen worden. Da seriöse Organisationen kein Bargeld nehmen durften, konnte sie sowieso nicht spenden!

In der U-Bahn lehnte sie sich gegen die Wand. Instinktiv schaute sie auf die Uhr. Wenn sie sich beeilte, konnte sie es knapp schaffen.

Nach zwei Stationen musste sie umsteigen. Zu ihrem Glück stand die andere U-Bahn bereits da. Alina rannte zu ihr hinüber und schaffte es gerade noch rechtzeitig hinein.

Als die U4 beim Karlsplatz hielt, eilte sie weiter zur U2. Wieder schaffte sie es gerade rechtzeitig, bevor die Tür sich schloss.

Die U-Bahn war voll. Viel voller als sonst, kam es ihr vor. Fetzen von Gesprächen anderer Fahrgäste drangen an sie heran. Alina hielt sich an der Stange fest und schloss die Augen. Der Lärm der fahrenden U-Bahn drang in ihre Ohren.

Plötzlich klingelte ihr Handy. Alina fuhr herum. „Die Bettlerin!", schoss es ihr durch den Kopf. Meldete sie sich doch noch? Sie stellte den Rucksack ab und kramte im Nebenfach herum, bis sie ihr Handy fand. So schnell sie konnte, hob sie ab.

Tatsächlich hörte sie jene freundliche Stimme mit dem starken Akzent. „Hallo, ich bin es."

„Hallo", antwortete Alina.

Die Frau sagte etwas. Doch es ging im Lärm der U-Bahn unter.

„Entschuldige, ich versteh` Sie so schlecht, es ist laut um mich herum", rief Alina.

„Wo bist du gerade?", wollte die Frau wissen.

„In der U- Bahn"

„In welcher U- Bahn?" Es fiel Alina schwer, die Frage zu verstehen.

„U2. Es ist sehr laut hier, ich versteh Sie kaum."

„OK, ich ruf später wieder an."

„Ok, dann bis bald", verabschiedete sich Alina.

„Tschüss", entgegnete die Frau.

„Tschüss", murmelte Alina.

Sie atmete schwer. Erleichterung breitete sich in ihr aus. Sie hatte der Frau wohl nicht die falsche Nummer gegeben. Doch sie musste so bald wie möglich zurückrufen, damit die Frau wusste, dass Alina ihr wirklich helfen wollte. Unruhig stand sie da, bis die U-Bahn schließlich bei der Station Schottentor hielt. So schnell sie konnte, drängelte sie sich hinaus und eilte aus der U-Bahnstation. Unterwegs sah sie sich nach einem ruhigen Ort um, an dem sie die Frau anrufen konnte.

Doch sie kam erst draußen dazu. Erst suchte sie nach einem Sitzplatz, fand jedoch keinen. So lehnte sie sich gegen eine

Säule. Mit zitternden Fingern holte sie ihr Handy heraus. Sie fand eine unbekannte Nummer auf ihrem Display. Alina rief sie zurück. Nichts geschah. Die Frau hob nicht ab. Alles, was Alina hörte, war das gewohnte „tut tut tut..." Sie wartete gut eine Minute lang. Doch alles, was sie vernahm, war dasselbe nichts sagende Geräusch.

Irgendwann legte sie auf. Ratlos starrte sie auf ihr Handy. Wieso hatte diese Frau nicht abgehoben? War ihr etwas geschehen? Dachte sie, Alina wollte ihr gar nicht helfen? Hatte sie sich etwas angetan?

Alina schüttelte die Gedanken ab. Sie musste jetzt in die Vorlesung. Die Frau würde sehen, dass Alina sie angerufen hatte, und dann würde sie wissen, dass sie ihr wirklich helfen wollte. So rannte sie zur Uni. Doch irgendwie ließ sie der Gedanke nicht los, dass etwas Schlimmes geschehen war.

Als Alina ankam, war der Hörsaal bereits voll. Die Vorlesung hatte eben begonnen. Alina suchte sich einen noch freien Platz und holte ihre Sachen heraus. Sie schrieb wie immer eifrig alles mit, was die Professorin über die Wissenschaftsgeschichte der Kultur- und Sozialanthropologie erzählte. Doch innerlich konnte sie sich nicht ganz darauf konzentrieren.

Nach ein paar Minuten klingelte ihr Handy wieder. Alina packte es und hob ab. „Hallo!", rief sie, während sie aus dem Hörsaal rannte.

„Hallo", antwortete die Frau. „Wo bist du gerade?"

„Auf der Uni", erklärte Alina.

„Ah... soll ich später noch mal anrufen?", fragte sie entschuldigend.

„Nein, ist schon in Ordnung", meinte Alina.

„Das ist doch unter uns geblieben?", fragte die Frau. Ihre Stimme hatte auf einmal wieder etwas Einschüchterndes an sich.

„Ja", antwortete Alina.

„Wirklich? Es ist wirklich wichtig, dass das unter uns bleibt! Du hast versprochen, dass du es niemandem sagst!" Die Stimme der Frau wurde noch eindringlicher.

„Ja, ich habe keinem etwas gesagt", entgegnete Alina. Was war los, sie hatte doch eben bestätigt, dass sie niemandem davon erzählt hatte!

„OK", sagte die Frau. Ihre Stimme war wieder freundlich, wie immer. Doch gerade diese Freundlichkeit war es, die Alina von Anfang an so wehrlos gemacht hatte.

Kurz schwiegen sie beide. Dann fragte die Frau: „Wann können wir uns treffen?"

„Um zwei vor der Hauptuni, okay?", antwortete Alina.

„Um zwei?", wiederholte die Frau, „Geht's nicht schon früher?"

Alina überlegte kurz. Instinktiv schaute auf die Uhr. Es war für die Frau wichtig, die Gewissheit zu haben, die Miete bezahlen zu können. Aus Alinas Sicht war es eigentlich egal. Sie würde so oder so etwas verpassen. „Um eins endet die Vorlesung, dann können wir uns treffen. Vor der Hauptuni, gut?"

„Können wir uns nicht dort treffen, wo wir uns letztens getroffen haben?", fragte die Frau.

„Ok", sagte Alina knapp. Sie rief sich den Ort ins Gedächtnis.

„Gut, dann bis bald", sagte die Frau. „Tschüss", verabschiedete sich Alina.

Dann ging sie zurück in den Hörsaal. Sie wandte sich ihren Mitschriften zu und versuchte erneut dem Vortrag zu folgen.

Kurz bevor die Vorlesung endete, ging sie in Richtung U-Bahnstation. Alina überquerte die Straße und stellte sich genau dorthin, wo sie erstmals mit der Frau geredet hatte. Sie sah sich um. Die Frau war noch nicht da. So positionierte sich Alina möglichst auffällig. Es war seltsam, dass die Frau noch nicht da war. Sie hatte Alina doch möglichst bald treffen wollen.

Ihr Handy klingelte. Schnell holte Alina es heraus und hob ab. „Hallo", sagte sie.

„Hallo, wo bist du jetzt?", wollte die Frau wissen.

„Äh, dort, wo wir uns letztens getroffen haben", antwortete Alina. Aber wieso war die Frau nicht da? Sie hatte sich doch hier mit Alina treffen wollen!

„Kannst du zum Billa kommen?", wollte sie wissen.

„Billa? Welcher Billa?", fragte Alina. Sie kannte in der näheren Umgebung nur einen Billa, doch dort gab es sicher keine Möglichkeit, ungestört zu reden.

„In Richtung Kirche", antwortete die Frau.

„Ok, ich kenn mich nicht aus in Wien, aber ich wird`s versuchen", entgegnete Alina. Sie legte auf und ging in Richtung

Kirche. Hoffentlich würde sie den richtigen Billa finden. Hastig schaute sie sich um. Sie wollte die Frau nicht ewig warten lassen. Zahlreiche Passanten gingen an ihr vorbei. Ein junger Mann fiel ihr auf. Alina ging zu ihm. „Entschuldigen Sie, wissen Sie, wo der Billa...“

Der Mann sah sich um. Alina folgte seinem Blick. Da sah sie auf der anderen Straßenseite groß die Aufschrift „Billa“.

„Ah, da!“, rief sie. Alina eilte über die Straße zu dem Geschäft. Dort sah sie sich um. Doch die Frau konnte sie nicht ausmachen. Niemand wurde auf Alina aufmerksam.

Vor dem Eingang stand eine kleine stämmige Frau mit blondem Haar und einem runden Gesicht. War sie es? Alina konnte sich an das Aussehen der Bettlerin kaum erinnern. Alina ging auf die Frau zu. Doch diese schien sie nicht zu bemerken. Sie stand einfach seelenruhig vor dem Eingang des Geschäfts. Sie war es wohl nicht!

So ging Alina ein paar Schritte in Richtung der Parkanlage. Vor ihr standen ein paar Tische und Stühle. Doch die Frau war nicht da. Sollte Alina sich setzen und einfach warten? Aber wieso war die Frau nicht hier? Wieso hatte sie sich nicht einfach an demselben Ort wie letztens mit ihr treffen können? Vertraute sie Alina nicht hinreichend? Doch was konnte Alina ihr schon tun? Schämte sich die Frau so sehr für ihre Situation? Doch wieso hatte sie gerade Alina angesprochen? Vielleicht war sie die einzige Frau gewesen, die alleine unterwegs war? Und wo war die Frau jetzt? Eigentlich sollte Alina bereits wieder in der Vorlesung sein!

Gerade, als sie das dachte, winkte ihr jemand zu. Alina erkannte sie sofort. Sie hatte sich erinnern können, dass die

Frau plump gebaut war und ein rundes Gesicht hatte. Doch sie hatte wohl vergessen gehabt, wie rund ihr Gesicht und wie plump ihr Körper war.

Alina winkte zurück. „Hallo!", rief sie und eilte zu ihr.

„Hallo, können wir dorthin gehen?", fragte sie und winkte in Richtung Parkanlage.

„Ok", sagte Alina.

Die Frau führte sie über den Rasen in Richtung der Kirche. Während sie gingen, fragte die Frau: „Wie heißt du noch mal? Ich habe es vergessen."

„Alina."

„Ok, Lina, ich habe ein Problem und weiß nicht, an wen ich mich wenden soll", begann die Frau. Sie setzte sich auf eine Bank etwas abseits. Alina tat es ihr gleich. Direkt hinter ihr stand die Kirche. Alina sah sich um. Ein beklemmendes Gefühl stieg in ihr auf.

„Hast du das Geld?", fragte die Frau.

„Ja." Alina holte es heraus.

„Wie viel hast du?", wollte die Frau wissen.

„390 Euro"

„Hast du es genau?"

„Ja." Alina begann es zu zählen.

„Du musst es nicht zählen, es passt schon. Ich vertraue dir", sagte die Frau. So übergab Alina ihr das Geld.

„Also, Lina, ich habe ein Problem und weiß nicht, mit wem ich darüber reden soll", sagte die Frau.

„Was?", stammelte Alina.

„Ich habe keine Papiere hier in Österreich", erklärte die Frau. „Ich sitze mit meinen drei Kindern hier fest. Ich kann hier nichts machen und ich habe Angst. Ich habe kein Geld und ich kann nicht einmal arbeiten und bin nicht versichert. Wenn ich meine Papiere machen kann, dann kann ich zurück in den Kosovo und dort alles erledigen. Und jetzt frage ich dich, kannst du mir helfen?" In ihrer Stimme lag etwas Entwaffnendes.

„Wie?", fragte Alina. Sie konnte der Frau keine Papiere besorgen! Alina wollte hier weg. Sie musste längst wieder auf der Uni sein. Sie hatte ein Studium zu schaffen und einen Traum zu verwirklichen! Doch in diesem Moment hasste sie sich selbst dafür, dass sie auch nur daran dachte.

„Ich brauche 5000 Euro, 1500 für die Reise, den Rest für die Papiere von mir und meinen Kindern", sagte die Frau.

„Ich hab keine 5000 Euro!", entgegnete Alina. Panik kam in ihr hoch. Eine Stimme tief in ihrem Inneren sagte ihr, einfach wegzurennen. Doch sie konnte es nicht; konnte sich nicht von der Stelle rühren.

„Aber wie viel hast du denn?", fragte die Frau „Du musst es mir nicht geben. Wenn du mir nicht helfen willst, ist das ok; bloß, sei ehrlich. Verstehst du mich, wenn du mir nicht das Geld gebracht hättest, dann wäre ich so weit gewesen, meinen Körper zu verkaufen und das hätte ich bestimmt mein Leben lang nicht vergessen. Du bist ein guter Mensch und Gott wird dich für deine Tat belohnen; dreimal wird er dich belohnen. Wenn du mir nicht mehr helfen willst, dann ist das ok..."

„Doch, ich will Ihnen helfen!", sagte Alina spontan, scheinbar ohne ihr Zutun. Sie musste sich hier rauswinden. Es wäre so einfach! Alles, was sie tun musste, war es, aufzustehen und wegzugehen. Sie könnte dieser ganzen Sache den Rücken kehren, die Frau vergessen, nicht mehr auf ihre Anrufe antworten.... Doch tief in ihrem Inneren wusste sie, dass sie es sich selbst nicht verzeihen könnte.

„Ok, wie viel hast du denn? Verstehst du, ich habe Angst und ich weiß nicht, an wen ich mich wenden soll. Wenn ich mein Brot esse, dann tue ich das nicht in Ruhe, sondern in Angst. Ich hab` hier niemanden. Niemand wollte mir helfen! Du bist alles, was ich habe. Sag mir, was soll ich machen? Du musst mir auch nicht helfen, wenn du nicht willst. Nur sei bitte ehrlich. Wie viel hast du?", fragte die Frau.

„Ich weiß es nicht genau", stammelte Alina. Ihr Herz hämmerte in ihrer Brust. Sie überlegte fieberhaft, doch sie konnte keinen klaren Gedanken fassen.

„Hast du denn jetzt noch etwas mit?", wollte die Frau wissen.

„Nur noch etwas Kleingeld", antwortete Alina. Ohne es recht zu merken, gab sie der Frau das bisschen, das sie noch hatte.

„Danke.", sagte sie. „Aber wie viel hast du noch zu Hause?"

„Weiß ich nicht."

„Wie viel in etwa?", hakte die Frau nach.

„Ich weiß es wirklich nicht", sagte Alina.

„Aber wie viel ungefähr?"

„Also so 1000 Euro sollte ich haben", stammelte Alina.

„Hast du nicht 1500, damit ich wenigstens das Geld für die Reise habe?", fragte die Frau.

„Ich weiß nicht, wie viel ich habe", sagte Alina.

„Ok, wann können wir uns wieder treffen?"

„Morgen. Um drei", antwortete Alina.

„Geht`s nicht noch heute, sagen wir um vier?" ,wollte die Frau wissen.

„Nein, weil ich dann extra ins Burgenland fahren müsste", erklärte Alina, kurz verärgert über die Aufdringlichkeit dieser Person. Doch das Durcheinander in ihrem Kopf ließ dieses Gefühl nicht die Oberhand gewinnen.

Die Frau hustete und schüttelte den Kopf. „Dann geht es nicht", meinte sie.

Kurz schwiegen sie beide. Alina suchte mehrfach nach Worten. „Mein Seminar endet um 14: 45, dann kann ich herkommen", sagte sie schließlich.

„Geht es nicht schon davor?", fragte die Frau.

„Nein, weil ich sehr knapp in Wien ankomme. Und in dem Seminar ist Anwesenheitspflicht", erklärte Alina.

„Gut, also dann morgen um 14 Uhr."

„Nein, um 14:45 endet das Seminar. Dann hab ich etwas Zeit, bevor ich Gesangsunterricht habe!", rief Alina.

„Du singst?", fragte die Frau.

„Ja."

„Singen ist etwas Schönes. Ich habe früher auch gesungen. Aber wenn man ständig Angst hat, hat man keine Lust zum Singen; nicht einmal noch zum Leben."

Alina sah zu Boden. In dem Moment konnte sie nicht anders, als diese Frau für all ihre innere Stärke zu bewundern. In ihren Augen war so viel Traurigkeit und doch weinte sie nicht.

Und Alina? Sie hatte doch alles, schoss es ihr durch den Kopf. Plötzlich schämte sie sich, je unzufrieden mit ihrem Leben gewesen zu sein. Sie hatte Sicherheit, was wollte sie mehr? Wie konnte sie alles wollen, während andere nichts hatten?

Alina verdrängte den Gedanken. Sie hatte so lange an ihrem Traum gearbeitet, rief sie sich ins Gedächtnis.

Erneut sah sie die Frau an. Doch sie konnte ihr nicht ins Gesicht sehen. Alles, was Alina ansehen konnte, waren ihre kurzen, stämmigen Beine, die aussahen, als ob die Frau sie sich vor einer Woche das letzte Mal rasiert hätte. Klar, wenn man um seine Existenz fürchtete, hatte man etwas Besseres zu tun, als sich die Beine zu rasieren! Das war wohl auch etwas für Menschen, die keine echten Probleme hatten, dachte Alina bitter.

„Kannst du, wenn du mehr als 1000 hast, das mitbringen, weil ich weiß wirklich nicht, was ich noch machen soll. Ich glaube an Jesus und ich weiß nicht, woran du glaubst, aber ich glaube fest daran, dass Jesus wollte, dass wir uns treffen", redete die Frau weiter.

„Ich schau nach, wie viel ich habe", sagte Alina.

„Danke, du bist ein guter Mensch." Kurz schwiegen sie beiden.

„Oder hast du vielleicht Wertsachen, die du nicht brauchst, Mode, oder Schmuck?", fragte die Frau. „Nur, damit ich es der Vermieterin als Pfand dalassen kann. Ich meine auch gar nicht, dass du mir irgendetwas schenkst!"

„Ich habe keine teuren Sachen", erwiderte Alina.

„Ich meine auch nur, wenn du etwas teureren Schmuck hast. Silber oder so."

„Ich werde schauen, ob ich irgendetwas habe", sagte Alina.

Die beiden schwiegen eine Weile. Dann fiel der Frau etwas auf. „Was ist das auf deiner Hand?", fragte sie.

Alina sah herab. „Ach so, da hab ich mir nur aufgeschrieben, dass ich für den Gesangsunterricht morgen 30 Euro brauche", erklärte sie.

„Du singst gern oder?", fragte die Frau.

„Ja." Mehr sagte Alina nicht. Sie sagte nichts von ihrem Traum. Die Frau würde es nicht verstehen. Wie sollte sie auch. Sie hatte schließlich größere Probleme. In dem Moment kam sich Alina vor wie eine verwöhnte Göre.

„Wie alt bist du eigentlich?", fragte die Frau nach einer Weile.

„20", antwortete Alina.

„Wirklich, du siehst viel jünger aus."

Alina lächelte. „Das hör ich oft", meinte sie.

„Hast du schon Kinder?", wollte die Frau wissen.

„Nein", sagte sie, überrascht, dass die Frau auf die Idee kam. Die wenigsten 20-jährigen Studentinnen hatten Kinder. Doch woher sollte die Frau das wissen? Sie war schließlich nicht von hier und hatte wahrscheinlich nie studiert.

„Aber später mal. Ist was Schönes", sagte die Frau.

Alina schwieg. Sie hatte nie darüber nachgedacht. Dazu müsste sie doch erst ihr eigenes Leben auf die Reihe kriegen.

„Man ist viel glücklicher mit Kindern.... Wenn man sicher ist", meinte die Frau.

Unwillkürlich fragte sich Alina, wo denn ihr Mann war. Doch sie wagte nicht, die Frage zu stellen. Es konnte etwas Schlimmes passiert sein.

Die Frau atmete tief. „Wenn ich nach Hause kann, dann kann alles wieder wie früher werden."

Alina sagte nichts. Sie wusste, sie könnte weit mehr für die Frau tun. Doch sie hatte einen Traum. Dieser Traum war ihr Leben.

„Kannst du morgen das Geld bringen?", fragte die Frau.

„Ja. Ich schau, wie viel ich habe. Treffen wir uns wieder hier?" Tausend Euro konnte ihr Alina geben und würde sich ihren Traum immer noch erfüllen können.

„Ok."

„Dann bis morgen", sagte Alina.

„Bis morgen, tschüss."

„Tschüss."

Alina entfernte sich schnellen Schrittes. Sie musste längst wieder auf die Uni. Ihr Herz hämmerte erneut wie wild. Alina versuchte, sich zu beruhigen. Es würde alles gut. Sie würde der Frau noch einmal helfen und dann ihr altes Leben weiterführen. Schon morgen wäre es, als wäre nichts geschehen, sagte sie sich. Doch tief in ihrem Inneren wusste sie, dass sie das nicht einfach vergessen konnte.

Alina kam bei der Uni an. Die Vorlesung war schon fast aus. Doch sie hatte nachher noch eine. Alina versuchte die letzten Minuten noch alles mitzuschreiben. Sie musste aber feststellen, dass es ihr unmöglich war, sich auf den Stoff zu konzentrieren.

Die Vorlesung endete, ohne dass Alina viel davon mitbekommen hätte. Sie verließ den Hörsaal. Gern hätte sie sich einen Schokoriegel vom Automaten gekauft, doch sie hatte ihr gesamtes Geld der Frau gegeben. Alina seufzte tief. Sie würde eben zu Hause noch etwas essen.

Die nächste Vorlesung begann und Alina setzte sich wieder auf ihren Platz. Erneut versuchte sie zu folgen, doch es gelang ihr nicht recht. Die Frau erschien immer wieder in ihrem Kopf. Ihr Gesicht, ihr Körper, ihre Worte; all das ließ Alina nicht los. Diese plumpe Gestalt hatte sich in ihr Bewusstsein gebrannt.

Die Vorlesung endete. Alina hatte eine detaillierte Mitschrift, doch in ihrem Kopf hatte nichts von alledem Platz gefunden. Sie packte wie ferngesteuert ihre Sachen ein und wollte den Hörsaal verlassen.

„Hallo!", sagte eine Stimme.

Alina drehte sich um. Es war Lore. Alina hatte sie zuerst gar nicht bemerkt. „Hallo", sagte sie.

„Wie geht es dir?", wollte Lore wissen.

„Ganz gut... ich habe das ganze Wochenende gelernt. Und wie geht`s dir?"

„Ja, es geht so", antwortete Lore.

„Machst du auch die Prüfung in vier Wochen?", wollte Alina wissen.

„Nein, ich glaube, ich mache jetzt Kolonialismus, Gender und Ethnohistorie. Die Formen sozialer Organisation sind ziemlich schwer. Das schaff` ich jetzt eher nicht", meinte Lore.

„Ja, man muss hier die Sachen viel genauer lernen", stimmte Alina dem zu.

„Ja... naja, ich hab jetzt jedenfalls noch eine Vorlesung", meinte Lore und ging ein paar Schritte in Richtung Ausgang.

„Ja, ich muss jetzt meinen Zug erwischen", sagte Alina.

„Ok, dann sehen wir uns am Mittwoch in der Kolonialismus-Vorlesung?", wollte Lore wissen.

„Ja, wahrscheinlich."

„Gut, dann bis dann."

„Ok, tschüss", sagte Alina und eilte aus dem Hörsaal.

Als sie das Gebäude verließ, blies ihr die kühle Abendluft entgegen. Alina atmete tief ein. Sie versuchte ihren Kopf frei zu kriegen. Doch irgendwie ließ das Gefühl der Anspannung sie nicht los. Es hatte seine kalten Arme um ihr Herz geschlungen. Alina schloss die Augen. Alles würde gut werden, sagte sie sich.

Sie ging ihren Weg zur U-Bahn, doch mit einer ständigen Unruhe im Herzen. Irgendwann erreichte sie die Station. Ohne es recht zu merken, stieg sie schließlich in die U-Bahn ein, stieg um und erreichte ihr Ziel.

Sie hatte noch eine knappe halbe Stunde, bis ihr Zug abfuhr. So beschloss sie, sich die Umgebung anzusehen. Alina sah sich nach einem Ausgang um. Als sie einen fand, trat sie ins Freie. Es sieht hier anders aus als in Meidling, schoss es ihr durch den Kopf. Alina ging die Straße hinunter. Sie sah einen BIPA und ging hinein.

Eigentlich hatte sie schon fast alles an Geschäften gesehen, denn wenn sie wartete, ging sie immer die Einkaufsstraßen entlang. Doch irgendwie musste sie sich auch jetzt ablenken. So sah sie sich erneut all die Produkte an und dachte an ihr erstes Video, ihren ersten Auftritt… und überlegte, welchen Look sie tragen wollte.

Erneut erschien die Bettlerin vor ihrem inneren Auge und sie schämte sich, dass sie an so etwas überhaupt dachte. Wie konnte sie sich über irgendwelche Beautyprodukte Gedanken machen, während andere sich nicht einmal etwas zu essen leisten konnten?

Alina schüttelte den Gedanken ab. Sie hatte einen Traum! Und es ging ihr nicht darum, die schönste Frau der Welt zu sein, sondern sich auszudrücken, akzeptiert zu werden, zu sein, wer sie war.

Außerdem würde sie sich so bald ohnehin nichts von alledem kaufen können! Sie musste erst ihre Videos bezahlen, und sich dann überlegen, was konkret sie noch brauchte.

Alina atmete schwer. Sie musste jetzt ohnehin zurück zum Bahnhof. So verließ sie das Geschäft und ging wieder über die Straße. Nach kurzem fand sie auch tatsächlich den Weg zurück.

Wenig später saß sie im Zug. Sie starrte aus dem Fenster. In ihren Kopf geisterte immer noch die Bettlerin herum.

Sie verdrängte den Gedanken an die Frau. Sie musste jetzt lernen, rief sie sich ins Bewusstsein. So nahm sie ihre Mitschriften heraus und begann sie erneut durchzulesen. Doch in ihrem Kopf blieb nichts davon hängen. Sie las die Worte, doch ihren Sinn verstand sie nicht.

Schon bald gab sie auf, steckte ihre Sachen ein und schaute aus dem Fenster. Die Landschaft zog erneut an ihr vorbei, bis der Zug schließlich in Müllendorf hielt. Alina stieg aus und ging nach Hause.

Sie redete kaum mit ihrer Mutter. Sie war sich sicher, dass sie niemandem etwas erzählen würde. Sie begann zu essen, doch irgendwie war ihr gesamter Körper so angespannt, dass sie kaum etwas herunterbrachte.

„Ich ess` das vielleicht später", sagte sie und stand auf, ohne ihre Mutter anzusehen.

„Was, aber du hast doch den ganzen Tag nichts gegessen!", beschwerte sich ihre Mutter.

„Ja", murmelte Alina.

„Was ist jetzt schon wieder los?!?"

„Nichts."

Mit den Worten ging Alina in ihr Zimmer. Sie holte ihre Geldbörse aus der Schreibtischlade. Dann nahm sie etliche Scheine heraus. Sie zählte sie. Am Ende nahm sie knapp über 1100 Euro mit. So würde sie der Frau mehr geben, als sie versprochen hatte. Dann konnte sie ihr nichts vorwerfen. Alina würde ihr auch die 5000 geben, wenn sie so viel hätte, dass das ihren Traum nicht gefährden würde.

Kurz sah sie auf ihre Hand. Sie brauchte noch 30 Euro für die Gesangsstunde letzte Woche. Diese steckte sie in ihr Federpennal, damit die Frau sie nicht sehen konnte.

Später aß sie wieder ein wenig, doch sie schaffte nur einen Bruchteil dessen, was auf dem Teller war, ehe die Anspannung wieder überhandnahm.

Am Abend sagte sie zu ihrer Mutter: „Mama, ich hab morgen wieder Gesangsunterricht."

„Aha, also du brauchst Geld."

Ihre Mutter gab ihr 30 Euro. „Gehst du essen auch?", fragte sie.

„Äh… nein." Doch dann überlegte sie es sich anders: „Oder wahrscheinlich doch."

„Ok." Ihre Mutter gab ihr noch 20 Euro.

Diese würde Alina auch der Frau geben können. Sie dachte wieder an die Bitte um Wertsachen. Alina hatte keine teuren Sachen. Irgendjemand, den sie kannte, hatte sicher Sachen, die er nicht brauchte. Doch sie würde niemanden fragen. Schließlich hatte sie der Frau versprochen, dass es unter ihnen blieb. Außerdem würde es hier eh keiner verstehen.

Alina ging wieder in ihr Zimmer, um das Geld einzustecken. Die 30 Euro für den Gesangsunterricht versteckte sie ebenfalls vor der Frau.

Die Anspannung hielt Alina nach wie vor fest. Sie wusste später nicht, wie lange sie in ihrem Zimmer auf und ab ging; unfähig, still zu sitzen. Sie versuchte, ihre Gedanken zu ordnen, doch es wollte ihr nicht recht gelingen.

Irgendwann ging sie hinunter. Sie hatte irgendwo noch Tabletten gegen akute Nervosität. Alina durchsuchte den Schrank und fand das Mittel Xanor. Sie nahm eine Tablette hinaus und schluckte sie mit etwas Wasser.

Nach einiger Zeit ging es ihr ein bisschen besser. Sie konnte nun wieder an ihren Traum denken, doch er hatte einen bitteren Beigeschmack. Die Vorstellung an ihr zukünftiges Leben war nicht mehr nur schön; sie ließ Alina sich schmutzig fühlen.

Am Abend blieb sie lange auf. Sie würde sowieso nicht schlafen können und wollte nicht mit ihren Gedanken allein sein. Da ihre Geschwister noch wach waren, blieb Alina bei ihnen. Worüber sie redeten, wusste Alina später nicht mehr.

Als sie dann doch schlafen ging, versuchte sie sich erneut in Träume von einer anderen Welt zu flüchten. Doch die Bettlerin durchbrach die Bilder immer wieder.

Als Alina endlich einschlief, war es schon sehr spät.

Abwärtsspirale

Als Alina am nächsten Morgen erwachte, kamen die Erinnerungen des vergangenen Tages langsam zu ihr zurück. Sie stand auf und zog sich an. Es war alles in Ordnung, sagte sie sich.

Da sie erst am späten Vormittag fahren musste, versuchte sie, jetzt noch einige ihrer Aufgaben zu erledigen. Doch sie konnte sich erneut nicht richtig darauf konzentrieren.

Zwischendurch aß sie ein bisschen etwas. Dann steckte sie sich ein wenig ein. Sie würde schließlich nicht essen gehen.

Doch bald war es so weit und sie musste zum Bahnhof. Wenige Minuten, nachdem sie angekommen war, stieg sie auch bereits in den Zug.

Erneut scheiterte ihr Versuch zu lernen und sie legte die Unterlagen nach kurzer Zeit beiseite. Sie hatte bald Prüfungen! Wenn sie die jetzt nicht schaffen würde, dann müsste sie nach den Ferien gleich sieben machen und dann könnte sie unmöglich gleichzeitig noch an ihrem Traum arbeiten! Dieser Gedanke steigerte ihre Anspannung noch. Jeder Tag zählte für Alina.

Nein! Schon heute Abend wäre alles anders. Sie würde nach der Vorlesung der Frau das Geld geben, würde ein herzliches „Danke" hören und ihr gewohntes Leben weiterführen. Der Verlust wäre für sie nicht weiter schlimm, doch für die Frau wäre es eine große Hilfe. Sie beide würden ihr Leben weiterführen. Vielleicht würden sie sich noch gelegentlich auf der Straße grüßen. Doch für Alina wäre alles wie bisher, nur, dass sie einem Menschen in Not geholfen hatte.

Dieser Gedanke gab ihr Kraft, löste ihre Anspannung aber kaum.

Plötzlich klingelte ihr Handy. Alina fuhr zusammen und wühlte in ihrem Rucksack.

„Hallo!", rief sie.

„Hallo?", ertönte die Stimme der Frau. „Wo bist du gerade?"

„Im Zug", antwortete Alina.

„Wann können wir uns treffen?", fragte die Frau.

„Das Seminar endet um 14: 45. Dann können wir uns treffen."

„Geht`s nicht schon früher?", fragte die Frau.

„Nein, weil ich komm` knapp davor in Wien an", antwortete Alina.

„OK, dann bis 14 Uhr", sagte die Frau.

„Nein, um 14:45 endet das Seminar!", rief Alina. Was war daran eigentlich so schwer zu verstehen?!?

„Ok, bis gleich", sagte die Frau.

„Tschüss." Alina legte auf. Hatte sie es jetzt verstanden? Alina wollte sicher nicht während ihres Seminars angerufen werden. So drehte sie einfach ihr Handy ab. Sie hatte sich klar ausgedrückt und sie würde gleich nach dem Seminar beim genannten Treffpunkt sein.

Alina beeilte sich zur Uni. Sie kam gerade noch pünktlich im Seminarraum an. Kurz nach ihr kam der Vortragende.

Während sie den Text von Levi-Strauss besprachen, hoffte sie nur, dass die Frau sie richtig verstanden hatte. Was auch immer es falsch zu verstehen gegeben haben sollte!

Endlich endete das Seminar und Alina drehte ihr Handy wieder auf. Sie atmete auf. Sie hatte keinen Anruf erhalten.

So eilte sie zu der Stelle, wo sie sich das letzte Mal getroffen hatten. Doch die Frau war nicht da. Alina schaute auf die leere Bank. Auch, als sie sich setzte und wartete, kam sie nicht. Wo war nun das Problem? Wieso kam sie nicht? Hatte sie Angst, sich an dem gleichen Ort mit Alina zu treffen? Wollte sie nicht erneut hier gesehen werden? Alina wartete. Doch es geschah nichts. Menschen gingen an ihr vorbei, doch die Frau war nicht darunter.

Ihr Handy klingelte. Alina hob ab.

„Hallo", ertönte die Stimme der Frau.

„Hallo", antwortete Alina.

„Wo bist du?", wollte die Frau wissen.

„Dort wo wir uns gestern getroffen haben. Auf der Bank.", sagte Alina. Das hatte sie ihr gestern doch gesagt.

„Aha, weil ich bin dort, wo wir uns das erste Mal getroffen haben", sagte die Frau.

„Soll ich hinkommen?", fragte Alina

„Ja."

„Ok, dann bis gleich." Alina legte auf und ging den Weg zurück. Sie lief quer durch den Park, bis zur Straße. Die Ampel war gerade grün und Alina eilte hinüber.

Die Frau kam Alina bereits entgegen. „Hallo!", rief sie.

„Hallo", antwortete Alina. Die Anspannung in ihr wurde mit einem Mal wieder stärker.

„Gehen wir dahin?", wollte die Frau wissen. Doch es war keine Frage gewesen. Sie führte Alina wieder zurück in den Park. „Gehen wir wohin, wo keiner ist", meinte die Frau. Sie gingen eine Weile durch den Park, bis sie einen Ort fand, der ihr abgeschieden genug war.

Hier war nur ein schmaler Weg. Zu beiden Seiten waren Büsche. Ein schiefes Holzgerüst, das vielleicht einmal ein Zaun gewesen war, stand vor Alina.

Die Frau blieb ein paar Schritte von Alina entfernt stehen.

„Du kriegst das Geld natürlich alles zurück, wenn ich die Papiere hab`, und die Reise gemacht habe", sagte sie.

„Äh, nein, Sie müssen mir das Geld nicht zurückgeben", stammelte Alina automatisch.

„Aber ich will! Ich will nicht, dass du mir etwas schenkst!", rief die Frau aufgebracht.

Alina nickte nur. Sie wusste, dass sie es so oder so nicht so bald wiederhaben würde. Doch erneut konnte ein Teil von ihr nicht anders, als Sympathie für die Frau zu empfinden, während ein anderer nur weg von ihr wollte.

„Setzen wir uns da hin?", fragte die Frau.

„Ok." Alina setzte sich auf den erdigen Boden.

„Wie viel hast du?", fragte die Frau.

„Etwa 1100", antwortete Alina.

Sie wollte gerade das Geld herausnehmen, da zischte die Frau: „Warte, da kommt wer."

Alina sah auf. Ein Mann ging an ihnen vorbei. Als er außer Sichtweite war, zog Alina das Geld wieder hervor und gab es der Frau.

Diese nahm es entgegen. Sie betrachtete die Scheine eine Zeit lang. Dann steckte sie sie ein und fragte: „Wie viel hast du jetzt noch?"

„Weiß ich nicht genau", sagte Alina erneut. Sie wollte hier weg, doch irgendwie schaffte sie es nicht, einfach aufzustehen und zu gehen.

„Wie viel ungefähr?" Die Stimme der Frau war so eindringlich, dass Alina sich ihr hilflos ausgesetzt fühlte.

„Weiß nicht, ich hab mein Geld nicht genau gezählt", wiederholte sie.

„Ja, aber ungefähr?", hakte die Frau nach.

„Ein paar 100 vielleicht", sagte sie.

Die Frau schüttelte den Kopf. In ihren Augen lag etwas unendlich Trauriges. „Du lügst, du hast sicher mehr als ein paar 100", meinte sie.

Alina antwortete nicht. Die Frau durchschaute sie. Sie wusste alles! Und Alina konnte nichts erwidern; konnte nichts tun, um sich vor ihr zu schützen. Und sie konnte der Frau nicht sagen, dass sie ihr nichts mehr geben wollte; dass sie nicht bereit war, sie zu retten, auch wenn sie es konnte. Welches Recht hatte sie denn dazu?!?

„Wie viel hast du ungefähr?", fragte die Frau erneut. „Verstehst du, wenn du mir die 1500 gegeben hättest, dann hätte ich wenigstens das Geld für die Reise, aber so habe ich nichts. Sag mir bloß, wie viel du noch hast. Du musst mir nicht mehr helfen, wenn du nicht willst, nur sei ehrlich zu mir. Ich bin ja auch ehrlich zu dir, weil ich vertraue dir und ich weiß nicht, warum."

Diese Worte versetzten Alina einen weiteren Stich. So lange schon hatte sie niemandem genug vertraut, um ihn wirklich nahe an sie heranzulassen. Denn es erforderte Kraft; es erforderte Mut, jemanden in seine Nähe zu lassen, auch wenn er einen verletzen konnte.

Doch wieso vertraute diese Frau Alina? War Alina es wert? Sie wollte die Frau nicht enttäuschen! Denn es gab nichts Schlimmeres als von jemandem, dem man vertraute, im Stich gelassen zu werden.

Doch gleichzeitig war da noch ihr Traum. Dieser Traum, der sie jahrelang am Leben gehalten hatte. War dieser Traum denn wirklich so wichtig? Wichtiger, als die Existenz dieser Frau? Alina hatte nur diesen Traum.

„Ich weiß wirklich nicht, wie viel ich hab." Ihre Stimme war gebrochen. Sie wollte Stärke zeigen, doch sie hatte keine Kraft mehr.

„Aber wie viel ungefähr?", drängte die Frau.

„Weiß nicht, vielleicht so 600 Euro", behauptete Alina.

„Aber wenn du mir nicht mehr helfen willst, dann sag es! Bloß sei ehrlich zu mir!", forderte die Frau erneut.

„Doch, ich will Ihnen helfen!", sagte Alina.

„Kannst du mir noch zumindest die Reise bezahlen? Oder hast du vielleicht noch irgendwelche Wertsachen, die du nicht brauchst?", fragte die Frau.

„Ich habe keine teuren Sachen", antwortete Alina.

„Wie viel hat diese Uhr gekostet?" Die Frau deutete auf Alinas Armbanduhr.

Alina zog ihren Arm instinktiv zurück. „Ich habe nur diese eine Uhr! Und sie war nicht extrem teuer."

„Ich bin nicht immer so. Meistens bin ich nicht so!", sagte die Frau.

Alina sah sie nun wieder an. Sie zwang sich zu einem Lächeln.

„Ich wünschte, es gäbe gar kein Geld! Es geht immer viel zu viel um Geld. Geld kommt und geht; andere Menschen bleiben."

Alina schaute zu Boden. Die Frau schien so fest an all das zu glauben, dass es Alina die Kehle zuschnürte.

Sie selbst hatte ihr Leben lang nicht verstehen können, warum sich alle so unendlich viel aus Geld und materiellem Besitz machten. Diese Frau teilte ihre Meinung. Alina könnte ihr helfen. Doch sie zögerte! Verriet sie ihre Ideale? Verriet sie sich selbst?

„Ich vertrau` dir und ich vertraue nicht vielen Menschen. Und ich möchte, dass wir in Kontakt bleiben. Falls du das willst", sagte die Frau.

„Äh... ja."

„Wenn du nicht willst, dann ist das auch in Ordnung, dann sag ich Danke und wir gehen unserer Wege. Aber ich brauche dieses Geld. Verstehst du, du bist meine einzige Hoffnung. Ich habe gebetet, viele Male. Aber Jesus kann nicht einfach runterkommen und sagen „Ich helfe dir", er kann uns nur zu den Menschen führen, die uns helfen. Ich habe schon viele Leute angeredet und sie sind alle einfach weitergegangen."

Alina fiel etwas aus ihrem ersten Semester wieder ein. Damals, als sie sich auf der Suche nach der Nationalbibliothek verirrt hatte, war es ihr unmöglich gewesen, jemanden nach dem Weg zu fragen. Sie erinnerte sich, wie sie vor Kälte zitternd und mit tauben Fingern umhergeirrt war. All die Menschen, die sie fragen hatte wollen, waren einfach weitergegangen oder hatten einen Bogen um sie gemacht, als hätte sie eine ansteckende Krankheit!

„Gestern habe ich einen Mann nur höflich gefragt, ob er für einen Tag oder so ein Hausmädchen braucht und er hat mich so... angespuckt! Einfach so!" Die Frau redete, fast ohne Luft zu holen.

Alina konnte sie nicht länger ansehen. Sie erinnerte sich an ihre Zeit in der Schule, an die Verachtung, die sie selbst erfahren hatte. Das Bedürfnis zu helfen, war in dem Moment so stark, dass sie es nicht länger ertragen konnte. Alina wollte irgendetwas sagen.

„Wenn Sie einen Job suchen, vor der Hauptuni stehen öfters Leute, die einen fragen, ob man einen Job braucht. Ich wurde dort schon öfters angeredet..."

„Ja, aber bei dir ist das etwas anderes! Ich bin illegal hier, ich brauche etwas Privates!", sagte die Frau, als ob Alina dumm wäre.

Alina nickte nur.

„Ich weiß nicht, was ich machen soll. Wenn ich wenigstens das Geld für die Reise hätte! Ich kann mir im Moment nicht einmal etwas zu essen für mich und meine Kinder leisten. Ich war gestern so schwach, dass ich mich hier an dieser Mauer anhalten musste, weil mir so schwindelig war."

Die Frau deutete auf das Holzgerüst und stützte sich darauf.

„Ich sammle das Geld für die Reise und die Papiere, für mich zählt im Moment jeder Cent. Ich fühl` mich hier nicht sicher! Wenn ich mein Brot esse, dann tue ich das nicht in Ruhe, sondern in Angst!", rief sie.

Alina knetete nervös ihre Finger. Etwas in ihr zwang sie zu vollkommener Tatenlosigkeit. Sie konnte weder weggehen, noch konnte sie etwas erwidern. Doch den Forderungen der Frau nachkommen konnte sie auch nicht. Sie brauchte ihr Geld, um sich ihre Träume zu erfüllen. Doch irgendwie fühlte sie, dass sie kein Recht hatte, an ihre Träume, an ihr Leben zu denken.

Die Frau zeigte auf Alinas Sandalen. „Diese Schuhe schauen bequem aus!", sagte sie „Wo hast du die gekauft?"

„In irgendeinem kleinen Geschäft im Waldviertel", erwiderte Alina. Ihr ganzer Körper verkrampfte sich. Erneut war da die Stimme tief in ihrem Inneren, die ihr zuschrie, sie solle weggehen; der Frau den Rücken kehren, auf ihre Anrufe nicht mehr reagieren, ihre Nummer ändern… Doch erneut hielt sie etwas an Ort und Stelle.

„Hast du vielleicht noch Schuhe, die du mir geben kannst? Weil ich habe nur diese einen und ich krieg Blasen davon."

„Ich habe an Sommerschuhen nur dieses Paar und eines, das so ähnlich ist wie Ihres. Von dem krieg` ich aber selber Blasen", sagte Alina in der Hoffnung, die Frau würde einsehen, dass Alina, wenn sie selber nur zwei Paar hatte, keines hergeben würde, vor allem, da sie sich so bald keine neuen Schuhe kaufen konnte, wenn sie ihr bereits all ihr Geld gab. Wenn sie ihre Karriere ernsthaft begann, bräuchte sie eigentlich sowieso mehr Kleidung.

„Welche Schuhgröße hast du denn?", fragte die Frau.

„39"

„OK, weil ich habe 38. Wenn`s eine Nummer größer ist, dann geht es vielleicht", sagte sie.

Alina antwortete nicht. Die Frau verstand es nicht; verstand nicht, dass Alina ein eigenes Leben hatte; dass sie ihr nicht all ihr Geld und alle ihre Sachen geben konnte. Sie sah nur, dass Alina mehr hatte als sie, dass Alina eine sichere Existenz hatte und alles andere zählte für sie nicht.

„Oder hast du vielleicht noch Kleidung, die du nicht brauchst?", bohrte die Frau weiter.

„Ich habe keine sehr teuren Sachen", antwortete Alina

„Das macht nichts! Ich brauche keine sehr teuren Sachen! Aber ich kann mir gar keine Kleidung leisten. Das hier hat mir auch eine Frau gegeben." Sie zeigte auf ihre blaue Bluse.

„Ja, ich hab vielleicht noch ein paar Sachen, die ich nicht brauche. Ich kann zu Hause schauen", sagte Alina.

Sie hatte einige Sachen ohnehin längst zur Altkleidersammlung bringen wollen. Die konnte sie auch der Frau geben. Damit würde sie auch jemandem helfen.

„Kannst du nicht auch schauen, ob du mir noch zumindest das Geld für die Reise geben kannst?", fragte die Frau weiter.

Alina wich ihrem Blick aus. Sie wollte nein sagen, wollte der Frau klarmachen, dass sie ein eigenes Leben hatte und dass sie ihr nichts schuldig war. Doch stattdessen sagte sie: „Okay, also so 400 sollte ich noch haben, dann haben Sie das für die Reise."

„Kannst du mir nicht vielleicht etwas mehr als 400 geben, damit ich mir wenigstens noch etwas zu essen kaufen kann?", fragte die Frau weiter.

„Ok, ich schau, wie viel ich habe."

„Ja, bitte! Und kannst du möglichst viel mitbringen? Geht's, dass du vielleicht noch so 100 Euro für dich übriglässt. Verstehst du, wenn ich die Papiere hab, und die Reise gemacht habe, dann kriegst du alles zurück."

„Ok", sagte Alina. Sie würde ganz bestimmt weit mehr als 100 Euro für sich übriglassen. Doch das sagte sie nicht. Die Frau würde es nicht akzeptieren.

„Gut, können wir uns morgen treffen?"

„Ja"

„Wann können wir uns treffen?"

„Geht es um halb 2, gleich beim Bahnhof in Meidling?", wollte Alina wissen. „Bahnsteig 7."

„Wo ist das?", fragte die Frau

„Sie fahren mit der U2 bis zum Karlsplatz, dann mit der U4..."

„Ich kann mir kein U-Bahnticket leisten", unterbrach sie die Frau

„Ok, ich komm ungefähr um 2 hier an, manchmal etwas später, je nachdem, wie die U-Bahnen gehen. Können wir uns gleich bei der U-Bahnstation treffen?"

„Ok"

„OK, dann bis morgen."

Die Frau gab Alina die Hand.

„Deine Hand ist ganz kalt", stellte sie fest.

„Ja, das ist sie immer", erwiderte Alina und zwang sich zu einem Lächeln.

„OK, dann tschüss."

„Tschüss"

Sobald Alina außer Sichtweite war, begann sie zu rennen. In ihrem Kopf drehte sich alles. Sie war zu keinem klaren Gedanken fähig. Das Gesicht der Frau, ihre Stimme, ihre Worte, ihre Not… all das spukte in Alinas Kopf herum. Und dann war da ihr Traum, der ihr nun, da er endlich greifbar schien, zu entgleiten drohte.

Alina erreichte die U-Bahn-Station. So schnell sie konnte, drängelte sie sich durch die Menschenmengen, bis sie in der U-Bahn war. Sie fand tatsächlich noch einen freien Sitzplatz. Als die U-Bahn losfuhr, begann sie sich langsam zu beruhigen. Sie schaute auf die Uhr. Zumindest würde sie es noch rechtzeitig zum Gesangsunterricht schaffen. Nun erst merkte Alina, dass sie Hunger hatte.

Sie holte ihre Brote heraus und begann zu essen. Plötzlich hielt die U-Bahn bei der Station Karlsplatz. Was? Sie hatte doch bei der Station Volkstheater umsteigen wollen!

Alina stürmte aus dem Zug und rannte durch die Station, bis sie auf der anderen Seite war. Ungeduldig wartete sie auf die U-Bahn. Als diese schließlich da war, war sie als Erste drinnen. Als sie losfuhr, starrte Alina ins Leere. Es würde alles gut! Sie würde der Frau die Reise bezahlen, dann wäre all das vorbei. Dann hätte die Frau zumindest eine Sache gewiss.

Alina könnte ihr sowieso nicht alles geben. Wenn die Frau die Reise bezahlen konnte, sollte sie sich den Rest anders beschaffen.

Tief in ihrem Inneren wusste sie, dass die Frau den Rest nicht so schnell bekommen konnte; dass ihr niemand helfen würde....

Alina hatte ein eigenes Leben! Sie hatte ein Recht ihre Träume zu verfolgen! Sie schuldete dieser Frau nichts! Und doch fühlte es sich falsch an.

Die U-Bahn hielt. Alina blickte auf. Was! Rathaus? Sie war wohl erneut eine Station zu weit gefahren.

Sie eilte aus der U-Bahn zu der in die Gegenrichtung. Nervös blickte sie auf die Uhr. Die Zeit war knapp.

Endlich stieg Alina bei der richtigen Station aus. Nach zweimal Umsteigen war sie dort. Sie kam gerade noch rechtzeitig zum Gesangsunterricht.

Dort sang sie nach intensivem Stimmtraining die Demi Lovato-Version von „Let it go" und „Firework" von Katy

Perry. Obwohl ihr Inneres aufgewühlt war, konnte sie die Gesangsstunde meistern.

Als sie danach zum Bahnhof fuhr, ging es ihr ein wenig besser. Die Anspannung hatte sich zum Teil gelöst, doch ganz verschwunden war sie nicht.

Zu Hause konnte sie erneut ihr Mittagessen nicht ganz essen. Sie brachte nach ein paar Bissen wieder nichts hinunter.

Auf die Fragen ihrer Mutter reagierte sie nur mit ausweichenden Antworten.

Alina ging in ihr Zimmer und versuchte, ihren Kopf frei zu kriegen. Sie atmete mehrmals tief durch. Dann öffnete sie das Fenster; ließ frische Luft hereinkommen. Bald war es etwas kühler in ihrem Zimmer. Obwohl eigentlich ein recht warmer Tag war, fröstelte Alina.

Mit zitternden Fingern holte sie ihre Geldbörse heraus. Sie zählte die Scheine. Wenn sie der Frau noch 600 Euro gab, hätte sie selbst noch etwa 1000 Euro übrig. Das zusammen mit dem, was sie auf der Bank hatte, würde für den Anfang reichen. Doch Alina wusste, dass sie ein Risiko einging.

Sie steckte die 600 Euro ein und legte den Rest wieder in die Lade.

Danach ging sie hinunter und versuchte zu vergessen; versuchte zu vergessen, dass sie gerade das Einzige riskierte, das ihrem Leben je einen Sinn gegeben hatte.

Sie wurde immer mehr in das hier hineingezogen, wurde immer hilfloser dieser Frau ausgesetzt. Immer weniger konnte sie sich mit der zielstrebigen Alina identifizieren, immer unwichtiger erschien ihr ihr eigenes Ziel und doch blieb es alles, was sie hatte.

Sie rannte im Haus hin und her, unfähig einen klaren Gedanken zu fassen. Die Anspannung in ihrem ganzen Körper ließ sie nicht ruhen. Doch sie konnte auch nichts tun, als zu versuchen, all diese Gefühle zu verdrängen.

Schließlich ging sie in die Küche und nahm zwei Tabletten des Beruhigungsmittels Xanor. Eigentlich sollte man es nicht zu oft nehmen. Bei übermäßigem Gebrauch bestand die Gefahr, abhängig zu werden. Alina wollte nicht erneut auf Medikamente angewiesen sein, wie damals, als sie wegen Depressionen in Behandlung gewesen war.

Doch sie hatte keine Wahl. Sie hielt diese Anspannung nicht aus und sie musste sich wenigstens auf ihr Studium konzentrieren können. Der Gedanke an die Prüfungen erfüllte sie mit kalter Angst. Was, wenn sie es nicht schaffte, wenn sie komplett versagte....

Alina schluckte die Tabletten. Danach trank sie ein wenig Wasser. Den Fragen ihrer Mutter wich sie wieder aus.

Nach einer Weile ging es ihr ein wenig besser. Sie konnte den Wirrwarr an Gefühlen verdrängen. Alina versuchte nicht über die Frau nachzudenken, aus Angst, all die Anspannung konnte zurückkehren.

Wieder unten konnte sie die Stimme ihres Vaters hören: „Ich hab jetzt einen Termin mit einem Psychologen ausgemacht, der prüft, ob der Gerhard arbeitsunfähig ist."

„Arbeitsunfähig?", mischte sich Alina in das Gespräch ihrer Eltern ein.

„Ja, nachdem auch die Bildungsberaterin nichts gefunden hat und das mit den Praktika auch nicht funktioniert. Es ist für Autisten in unserer Arbeitswelt einfach extrem schwer zurechtzukommen. Wenn er den Bescheid hat, arbeitsunfähig zu sein, dann kriegt er zumindest Notstandshilfe und muss sich nicht mehr ständig beim Arbeitsamt melden", erklärte ihr Vater.

Alina schluckte schwer. Eine tiefe Traurigkeit ergriff von ihr Besitz. Was sie so traurig machte, wusste sie in diesem Moment nicht. Vielleicht war es, weil sie immer auf ein für alle positives Ende gehofft hatte. Wenn ihr Bruder ein eigenständiges Leben hätte, dann würde ihr Vater sich keine Sorgen mehr machen, was in ferner Zukunft geschehen würde.

Es wurde nicht mehr viel gesagt. So ging Alina wieder in ihr Zimmer und schaute aus dem Fenster. Es war inzwischen dunkel geworden. Alina wandte den Blick ab und starrte auf ihre Unterlagen. Eigentlich müsste sie die ausgearbeiteten Texte noch lernen. Doch sie war nicht länger in der Lage, sich auf ihr Studium zu konzentrieren. Sie konnte es inzwischen nicht mehr leugnen.

Am Abend blieb sie wieder mit ihren Geschwistern lange auf, denn schlafen würde sie sowieso nicht können.

Wieder wusste sie kaum, worüber geredet wurde. Irgendwie beteiligte sie sich an den Gesprächen und war doch nicht wirklich da.

Als Emma beschloss, ins Bett zu gehen, taten die anderen es ihr gleich. Alina nahm erneut eine Beruhigungstablette. Sie spürte einen Hauch von schlechtem Gewissen, doch alles andere wäre im Moment nicht auszuhalten.

Mitten in der Nacht wachte sie auf. Erneut war ihr ganzer Körper angespannt. Alinas Herz raste. Sie wälzte sich in ihrem Bett hin und her, ohne je Ruhe zu finden. Die Sekunden strichen quälend langsam an ihr vorbei. Wie spät es war, wusste sie nicht. Doch es war noch dunkel. Alina versuchte, wieder Schlaf zu finden. Es gelang nicht. Irgendwann wurde es draußen hell. Sie konnte die Umrisse ihres Zimmers erkennen. Erst schemenhaft, dann immer klarer.

Irgendwann beschloss sie aufzustehen. Ihre beiden jüngeren Geschwister waren gerade zur Schule aufgebrochen, ihre Mutter war mit dem Hund weggegangen. Die beiden älteren Geschwister schliefen noch.

Alina war somit alleine. Sie erledigte ihre morgendliche Routine. Alles geschah automatisch, ohne, dass sie es mitbekam. Alles, was sie noch merkte, war die immer währende Anspannung.

Erneut nahm sie eine Tablette. Der Gedanke, dass sie abhängig werden konnte, streifte ihr Bewusstsein nur noch.

Sie sagte sich, es würde alles gut werden. Heute Abend wäre all das vorbei. Die Frau würde sie nicht mehr bedrängen und Alina würde sie nur noch so selten wie möglich sehen!

Sie wollte der Frau helfen, doch sie wollte garantiert keinen engen Kontakt zu ihr. Sie beide hatten nichts gemeinsam!

Etwa um zehn Uhr kam ihre Mutter mit dem Hund zurück. Alina vermied den Kontakt zu ihr. Sie befürchtete, dass ihre Mutter zu viel merken würde.

Beim Mittagessen saß Alina die meiste Zeit über stumm da und starrte auf ihren Teller. Nur gelegentlich brachte sie einen Bissen herunter.

„Wirklich Alina, was ist los? Du sitzt schon wieder nur so gedankenverloren da!" Die Stimme ihrer Mutter erreichte Alina kaum.

„Nichts", entgegnete sie, ohne ihre Mutter anzusehen.

„Aber ich seh` doch, dass irgendetwas nicht stimmt", drängte ihre Mutter.

„Nichts, ich bin nur wieder ständig angespannt." Sie erwähnte nichts über die Gründe.

„Wieso denn jetzt?"

„Ja, weil ich bald Prüfungen hab", entgegnete Alina.

„Ja, aber es ist ja noch viel Zeit bis dorthin", meinte ihre Mutter.

„Aber ich hab noch nicht genug gelernt."

Mit diesen Worten stand Alina auf und ging ohne noch ein Wort zu sagen. Sie nahm ihre Tasche, zog sich Schuhe an und verließ das Haus.

Kühle Luft blies ihr entgegen, als sie zum Bahnhof ging. Alina merkte den Wind kaum. Sie ging schnellen Schrittes und ohne auf ihre Umgebung zu achten.

Als sie schließlich stehenblieb, strömten erneut hunderte Gedanken auf sie ein. Alina unterdrückte sie. Es wäre bald vorbei. Doch tief in ihrem Inneren fragte sie sich: Was, wenn es nicht vorbei wäre? Was, wenn die Frau nicht von ihr ablassen würde?

Der Zug kam. Sie eilte auf den Bahnsteig und stieg ein. Alina setzte sich auf den erstbesten Platz, den sie fand. Wie meistens hatte sie den Viererplatz für sich allein.

Erneut holte sie ihre Unterlagen heraus. Sie versuchte die Mitschriften der heutigen beiden Vorlesungen zu lernen. Doch sie konnte sich nicht darauf konzentrieren. Sie konnte zwar die Worte lesen, doch der Zusammenhang kam ihr immer wieder abhanden.

Schließlich gab sie es auf. Alina starrte aus dem Fenster, nur noch in dem Versuch, sich von all diesen Gedanken zu lösen. Sie schaffte es nicht länger ihrer Zukunft mit Hoffnung entgegenzublicken. All ihre Ziele schienen ihr fremd geworden, doch Alina konnte sie nicht loslassen.

Plötzlich klingelte ihr Handy. Alina kramte in ihrem Rucksack danach und hob ab. „Hallo!", rief sie.

„Hallo", ertönte die Stimme der Frau.

„Wo bist du gerade?"

„Im Zug", antwortete Alina.

„Hast du das Geld?", wollte die Frau wissen.

„Ja."

„Wie viel hast du?", fragte sie weiter.

Alina schaute sich um. Auf all den Bankreihen um sie herum saßen Menschen. Keiner schien sie wahrzunehmen. Doch sie wollte nicht riskieren, ihre Aufmerksamkeit auf sich zu ziehen.

„Ich bin gerade im Zug. Ich sag`s Ihnen, wenn wir uns sehen", meinte sie.

„Ok", sagte die Frau „Wann bist du denn da?"

„Ungefähr um 2. Je nachdem, wie die U-Bahnen gehen."

„OK, dann bis um 2."

„Gut, bis bald", sagte Alina.

Schließlich kam sie bei der U-Bahn-Station heraus. Die Frau kam ihr bereits entgegen. Alina erkannte ihre plumpe Gestalt schon von weitem.

„Hallo!", rief sie.

„Hallo", entgegnete Alina.

„Gehen wir dahin?", wollte die Frau wissen. Ohne eine Antwort abzuwarten, führte sie Alina diesmal in die andere Richtung.

„Ok", sagte Alina, hoffend, dass sie den Rückweg noch finden würde.

Die Frau führte sie um einige Häuserecken.

„Wie viel hast du?", fragte die Frau, sobald sie nicht mehr in der Menschenmenge waren.

„600", antwortete Alina. „Genau", fügte sie dann noch hinzu.

Die Frau nickte nur. Während sie gingen, fragte sie Alina: „Wir sind doch Schwestern, oder?"

„Äh... ja", antwortete Alina automatisch. Sie sah sich nicht als Schwester dieser Frau. Für Alina war sie eine Fremde, die sich ihr aufgedrängt hatte und doch konnte sie ihr nicht einfach den Rücken kehren.

Sie gingen noch eine Zeit lange weiter.

„Was hast du in dem Sack?", fragte die Frau.

„Etwas Kleidung", antwortete Alina.

„Wo sind die Schuhe?", fragte die Frau nun mit schärferer Stimme.

„Was?", fragte Alina. Die Frage brachte sie völlig durcheinander.

„Na die Schuhe, die du mir geben wolltest!", sagte die Frau, als wäre es das Selbstverständlichste dieser Welt, dass Alina ihr ihre Schuhe gab.

„Hä?" Alina hatte doch nie gesagt, dass sie ihr ihre Schuhe geben würde!

„Sind sie schmutzig?", wollte die Frau wissen.

„Nein."

„Sind sie kaputt?"

„Nein."

„Brauchst du sie selber?"

„Ja."

„Na, warum sagst du das nicht, dass du sie selber brauchst? Du bist so kompliziert, ich kann dich nicht verstehen!", rief die Frau.

Alina spürte Zorn in sich hochkochen. Diese Frau, die sich ihr aufgedrängt hatte, verhielt sich, als wäre es völlig selbstverständlich, dass Alina ihr ihr gesamtes Geld und die Hälfte ihrer Kleidung gab und tat dabei, als sei sie es, die sich irrational verhielt!

Dennoch hatten ihre Worte bei Alina einen wunden Punkt getroffen. Wie oft war ihr schon gesagt worden, dass sie zu kompliziert, oder realitätsfremd war! All die Menschen, mit denen sie sich tagtäglich umgab, verstanden sie nicht.

Alina ging der Frau etwas voraus. „Warte, ich kann nicht so schnell mit meine Schuhe!", rief sie hinter ihr.

Alina verlangsamte ihre Schritte.

„Setzen wir uns da hin?", sagte die Frau schließlich. Sie zeigte auf einen Zaun.

„Ok." Alina gab ihr den Sack.

Die Frau schaute hinein und wühlte darin herum. „Was ist das...? Ah, eine Hose."

„Ja, und da ein Kleid." Alina zeigte ihr das blaugeblümte Sommerkleid.

„Ich weiß nicht, ob das Ihre Größe ist", sagte sie entschuldigend und setzte sich gegen den Zaun gelehnt auf den Boden.

Die Frau nahm den Sack an sich.

Alina wollte ihr das Geld geben. Die Frau schaute sich um und hielt ihre Tasche davor. „So, damit es niemand sieht", murmelte sie.

Eine Weile schwiegen sie beide. Die Frau schien fieberhaft zu überlegen. „Warte, das sind 600 und das gestern waren..."

„Etwas mehr als 1100", sagte Alina.

„Ok, wie viel hab ich dann? Hilf mir rechnen, mein Kopf ist so durcheinander!"

„Warte, ich war nie gut im Kopfrechnen..." Alina versuchte, ihre Gedanken zu ordnen. In ihrem Kopf drehte sich alles.

„Etwas über 1700."

„Was mach ich jetzt nur!?!", stöhnte die Frau und vergrub ihr Gesicht in den Händen.

Alina antwortete nicht. Ein Teil von ihr hatte es geahnt; hatte geahnt, dass es nicht vorbei sein würde. Alina konnte nicht sprechen. Sie war hier gefangen, unfähig, sich zu bewegen. In ihrem Inneren war nichts als kalte Leere und etwas, das sie hier festhielt.

„Du hast mir die Reise bezahlt und ich bin dir unendlich dankbar. Aber das bringt mir nichts, weil ich meine Papiere nicht machen kann!", rief die Frau.

Alina antwortete nicht.

„Wie viel hast du denn noch?", fragte die Frau.

„Weiß ich nicht, ich habe mein Geld nicht genau gezählt…. Wie viel brauchen Sie denn noch?"

„Du weißt genau, wie viel ich brauche!", sagte die Frau scharf.

„Ja, und so viel hab ich nicht!", rief Alina in dem Versuch abweisend und bestimmt zu klingen.

„Ja, aber wie viel hast du denn noch ungefähr?" hakte die Frau nach.

Erneut war da irgendwo in Alinas Hinterkopf diese Stimme, die ihr zuschrie, sie solle einfach weggehen. Doch sie war viel zu leise. Alina wusste, sie würde es sich ihr Leben lang nicht verzeihen, die Frau einfach im Stich zu lassen. Doch ihr zu geben, was sie verlangte, konnte sie auch nicht. So war sie gezwungen, der Frau hilflos gegenüberzusitzen.

„Weiß ich nicht, ein paar 100 vielleicht", versuchte sie es erneut, wissend, dass es nichts brachte. Die Frau würde nicht von Alina ablassen, ehe sie alles hatte, was sie wollte. Und sie würde all ihre Lügen durchschauen.

„Du lügst! Du hattest gestern auch schon noch ein paar 100. Du hast sicher noch mindestens 1000 Euro!", stieß die Frau hervor. Sie war nun fast wütend. All die Verzweiflung in ihrer Stimme raubte Alina den letzten Widerstand.

Sie antwortete nicht. Alles, was Alina tun konnte, war es, auf den Boden zu starren.

„Du musst mir auch nichts mehr geben. Du könntest auch sofort dein ganzes Geld zurück haben! Nur Ehrlichkeit will ich! Weil ich war auch ehrlich zu dir! Ich habe dir meine Geschichte erzählt und dir gesagt, wozu ich das Geld brauche."

Was sollte das?!? Alina hatte sie doch nicht gebeten, ihr ihre Geschichte zu erzählen! Die Frau tat ja gerade so, als hätte Alina sie dazu gedrängt, ihr davon zu erzählen. Doch Alina konnte ihr das nicht sagen; konnte nicht sagen, dass sie nie etwas mit ihr zu tun haben wollte, wo die Frau sie doch als ihre Schwester betrachtete. Wie konnte sie einer Person, die glaubte, Jesus hätte sie ihr geschickt, klarmachen, dass sie für sie nur eine Fremde war? Die Frau hatte sonst niemanden und klammerte sich nun an die einzige Person, die sich ihr zugewandt hatte. War das nicht normal? War das nicht völlig verständlich?

„Du kriegst auch alles zurück, wenn ich die Reise gemacht habe", sagte die Frau.

„Wann werden Sie die Reise machen können?", fragte Alina, nur um irgendetwas zu sagen.

„Das weiß ich nicht. Wenn ich das Geld habe. Wenn ich nicht ehrlich wäre, dann würde ich dir sagen, in einer Woche. Aber ich weiß es nicht! Du siehst, ich bin ein ehrlicher Mensch! Also sei auch ehrlich zu mir! Wie viel hast du noch?"

„Weiß ich nicht genau."

Es wäre einfach! Alina konnte ihr sagen, dass sie ihr nichts mehr geben würde, aufstehen und gehen! Doch sie brachte es nicht übers Herz.

„Ja, aber ungefähr!", bohrte die Frau weiter „Wieso hast du nicht schon gestern einfach alles mitgenommen? Du musst mir auch nichts mehr geben! Aber wo liegt denn dein Problem, einfach alles mitzunehmen, was du hast?!? Verstehst du, nur Ehrlichkeit will ich von dir!"

Ja genau, wo lag denn ihr Problem, einfach so einer Wildfremden ihr ganzes Geld zu geben, oder auch nur ihr ganzes Geld nach Wien mitzunehmen?!? Hatte diese Frau eigentlich irgendeinen Bezug zur Realität? Es ging sie doch gar nichts an, wie viel Geld Alina hatte! Normalerweise, wenn einem jemand half, sagte man „Danke" und ging wieder! Vielleicht grüßte man sich noch, wenn man sich wieder traf. Doch man verlangte nicht mehr, mehr und noch mehr! Es gab hier in Wien tausende Leute, denen es schlecht ging, und die drängten sich einem nicht derartig auf! Alina konnte wohl kaum all diesen Menschen alles geben, was sie hatte. Wieso also sollte sie dieser Frau mehr verpflichtet sein als irgendeinem anderen, nur, weil sie zehnmal so aufdringlich war wie alle ihre Facebook-Verehrer zusammen!

Alina wollte die Frau anschreien, wollte sie schlagen. Doch im gleichen Moment hasste sie sich selbst, weil sie ihr Vorwürfe machte. Hatte diese Frau denn eine andere Wahl?

„Ich vertrau` dir. Ich habe noch nie jemandem so sehr vertraut wie dir und Jesus und ich will, dass wir auch später in Kontakt bleiben. Ich will, dass wir eines Tages, wenn du dann welche hast, unseren Kindern die Geschichte erzählen, wie wir uns kennen gelernt haben; dass wir dann darüber lachen. Wenn du das nicht willst, dann ist das auch Ok."

„Doch, ich will das!", sagte Alina schnell. Der bloße Gedanke daran erregte Übelkeit in ihr. Doch sie konnte die Frau nicht zurückweisen.

„Aber warum bist du dann nicht ehrlich zu mir?!? Ich habe schon viele Menschen gefragt und sie haben mich nicht einmal angesehen! Nur du bist stehen geblieben. Ich habe zu Jesus gebetet. Aber Jesus kann nicht einfach runterkommen und sagen: „Ich helfe dir", er kann uns nur die Menschen schicken, die uns helfen. Und ich glaube fest daran, dass Jesus dich mir geschickt hat. Wenn Jesus nicht gewollt hätte, dass wir uns treffen, dann hätte ich dich übersehen, oder du wärst einfach weitergegangen!"

Alina antwortete nicht. Wie konnte sie der Frau klarmachen, dass sie nicht Jesus war? Wie konnte sie ihr sagen, dass sie nur eine einfache Studentin war, die ihr Leben leben wollte. Sie konnte es nicht; brachte kein Wort heraus.

„Du könntest mir helfen, du willst es bloß nicht! Kannst du denn nicht ein paar Wochen auf etwas verzichten?!?", rief die Frau vorwurfsvoll.

Erneut wollte sie die Frau anschreien, wollte ihr mit aller Kraft ins Gesicht schlagen. Sie tat ja gerade so, als brauche Alina das Geld, um sich irgendwelche teuren Designerklamotten zu kaufen und nicht etwa, um ihre Zukunft zu gestalten! Die Frau wusste nichts über Alina und sie hatte kein Recht, über sie zu urteilen!

„Ich muss im Moment selber ein paar Sachen klären", antwortete sie in defensiver Haltung.

„Ja, was? Was?!? Was musst du klären?!?", schrie die Frau.

Alina sagte nichts mehr. Wie sollte sie es auch erklären? Wie sollte sie einer Person, die um ihr Überleben kämpfte, sagen, dass sie ihr nicht helfen konnte, weil sie irgendwelchen Phantasien nachjagte? Wofür brauchte Alina das Geld überhaupt? Für etwas, das so unwahrscheinlich funktionieren würde! Für etwas völlig Unbedeutendes! Wie nur konnte sie ihre eigenen naiven Träume über die Existenz eines anderen Menschen stellen?

„Wieso bist du nicht ehrlich zu mir? Schämst du dich etwa für mich?", fragte die Frau.

Die Worte trafen Alina wie ein Schlag. Wieso sollte sie sich für die Frau schämen? Weil sie nicht von hier war und keinen Universitätsabschluss hatte?!? Allein, dass die Frau so über Alina dachte, beschämte sie.

Endlich fand sie wieder zur Sprache: „Wenn, dann schäme ich mich für mich selbst."

„Warum, es ist kein Grund vorhanden!", rief die Frau.

„Weil viele Menschen mich nicht mögen!"

„Wieso, weil du keine Schminke drauftust?!? Das mach ich auch nicht! Die anderen Frauen sind vielleicht schön, aber das ist nicht echt! Das, was die machen, ist maskieren! Du könntest dich schminken und ich könnte mich schminken und wir wären die schönsten Frauen der Welt! Aber ich mach das nicht! Ich bin so, wie Gott mich geschaffen hat! Die anderen Kinder in der Schule haben mir immer gesagt, dass ich dick bin und sie haben mich geärgert, und ich habe mich geschämt. Aber dann habe ich gesagt: Nein! Ihr seid nicht besser als ich!"

Alina schaute zu Boden, als die Frau fortfuhr: „Du brauchst dich nicht zu schämen! Du bist hübsch und intelligent und du bist ein guter Mensch. Und Gott weiß das. Bitte, sei ehrlich zu mir. Du musst mir auch nichts mehr geben. Bring einfach alles mit, was du hast."

Alina nickte automatisch. Die Worte der Frau hatten sie auf seltsame Weise berührt. Sie gaben ihr das Gefühl, so wie sie war akzeptiert zu werden. Gleichzeitig war ihr, als hätte sie sich selbst verraten, indem sie sich über Oberflächlichkeiten Gedanken gemacht hatte.

„Wann können wir uns treffen?", fragte die Frau.

„Am Montag", sagte Alina spontan.

„Am Montag erst? Wenn ich heute das Geld hätte, dann wär ich gestern bereits gefahren!", rief die Frau.

„Ok, morgen... lass mich überlegen." In Alinas Kopf drehte sich alles. Sie war zu keinem klaren Gedanken mehr fähig. Sie versuchte sich ihren Stundenplan ins Gedächtnis zu rufen. „Die Vorlesung endet um eins, dann können wir uns treffen. Vor der U-Bahnstation."

„Du kriegst das wie gesagt alles zurück. Willst du wissen, wie viel ich zu Hause habe? 15 000! Ich komm nur nicht ran, so lange ich hier festsitze! Siehst du, ich war ehrlich zu dir. Jetzt sei auch ehrlich zu mir!"

Alina nickte nur. Als ob sie der Frau etwas schuldig wäre!

„Ok, dann bis morgen und danke und du brauchst dich wirklich nicht zu schämen. Darf ich dich umarmen, Schwester?"

„Äh... ja"

Die Frau umarmte sie. Alina legte unbeholfen die Arme um ihren plumpen Körper.

„Ok, tschüss, bis morgen."

„Tschüss."

Alina rannte um die Ecke. Sie hatte keine Ahnung, auf welchem Weg sie hergekommen war. Hunderte Gedanken schossen ihr durch den Kopf. Wieso tat sie das? Diese Frau war doch nur eine Fremde für sie. Alina schuldete ihr nichts! Sie war keine Wohltäterin, keine Heilige und sie war nicht von Jesus geschickt! Sie war nur eine Studentin, die ihr Leben leben wollte! Und sie hatte einen Traum, der alles war, das sie am Leben hielt! Ohne diesen Traum verfolgen zu können, war Alina nichts. Was diese Frau wollte, war nicht ihr Geld; es war ihre Seele!

Und Alina wusste nicht einmal, ob es stimmte, was die Frau ihr erzählte. Sie konnte lügen! Doch noch im selben Moment, da sie das dachte, hasste sie sich dafür. Wie konnte sie, die sie alles hatte, dieser Frau derartiges unterstellen! Alina hatte doch all den Schmerz und das Leid in ihren Augen gesehen, sie hatte die Verzweiflung in ihrer Stimme gehört. Wie konnte sie ihr unterstellen zu lügen!

Als sie die Uni erreichte, drehte sich noch immer alles in ihrem Kopf. In ihrem Inneren wusste sie, dass sie gerade alles aufgab, was sie zu dem gemacht hatte, was sie war. Sie opferte ihren Traum; opferte sich selbst für eine Fremde!

Doch sie konnte es noch kaum realisieren. In ihrem Kopf war nichts als ein einziges Durcheinander.

Kurz bevor die Vorlesung begann, setzte sie sich in den Hörsaal.

„Hallo", sagte Lore.

„Hallo", erwiderte Alina.

„Wie geht es dir?", wollte Lore wissen.

„Gut", log Alina. „Und dir?"

„Ja, es geht so."

Die Vorlesung ging an Alina vorbei. Sie schrieb alles mit, doch was sie geschrieben hatte, wusste sie nachher nicht mehr.

Mit der zweiten Vorlesung verhielt es sich ähnlich.

Schließlich endete sie und Alina verließ den Hörsaal. Sie ging in Richtung U-Bahn-Station. Die kühle Abendluft schien sie kaum zu berühren. Sie suchte sich nur im dichten Gedränge ihren Weg. Doch sie hatte ihr Ziel verloren.

Schließlich kam sie beim Hauptbahnhof an. Sie ging noch nicht gleich zu den Zügen, denn sie hatte noch mehr als eine halbe Stunde Zeit. So suchte sie den erstbesten Ausgang aus dem Gebäude und trat ins Freie.

Erneut blies ihr die kühle Luft entgegen. Alina fror. Eigentlich war es noch relativ warm, doch sie spürte es nicht.

Wieder ging sie in ein Geschäft, um sich die Sachen anzusehen. Doch sie sah sie nicht mehr. Sie fühlte nichts mehr. Da war nicht länger jene angenehme Aufregung bei dem Gedanken an ihre Zukunft. Alinas Körper war nur noch eine leere Hülle.

Doch in ihr stieg etwas ganz anderes auf. Sie wollte irgendetwas davon haben! Nach allem, was sie verloren hatte, wollte sie irgendetwas, eine Kleinigkeit, die sie vorher nicht gehabt hatte. Etwas, das sie vielleicht bei irgendeinem kleinen Auftritt verwenden konnte.

Ihr Blick fiel auf einen rosa Lipgloss. Alina nahm ihn. Dann steckte sie ihn ein und ging. Dass sie soeben gestohlen hatte, verdrängte sie. Nachdem sie eine fremde Frau zuerst davor bewahrt hatte, ihren Körper verkaufen zu müssen und nun ihren Traum für sie opferte, hatte sie jedes Recht dazu!

Alina schaute sich um. Sie sah einen Eingang zu einer U-Bahn-Station. Der führte auch zum Hauptbahnhof. Sie rannte eine Rolltreppe hinunter. Dann eilte sie die U-Bahngleise entlang. Sobald sie konnte, bog sie um eine Ecke. Doch statt auf Rolltreppen, die sie hinaufführten, stieß sie nur auf Wand. Was war hier los? Hier war doch der Weg zu den Zügen! Wieso war hier auf einmal nur Wand? Alina versuchte einen klaren Gedanken zu fassen. Doch sie konnte nicht. Sie hatte nicht mehr viel Zeit, schoss es ihr durch den Kopf.

So rannte sie zurück, die Rolltreppe hinauf. Wieder stand sie in dem kleinen Raum, den sie zuerst betreten hatte. War sie nicht am Montag auf eben diesem Weg zu den Zügen gekommen, der sie jetzt nur in eine Sackgasse führte? Die Leute, die an Alina vorbeigingen, nahmen alle diesen Weg.

Kurzentschlossen rannte sie wieder runter. Doch erneut geriet sie nur in jene Sackgasse. Warum? In ihrem Kopf drehte sich alles. Nervös schaute sie auf die Uhr. Die Zeit wurde knapp. Ohne nachzudenken rannte sie wieder zurück. Sie fand sich wieder in dem Raum von vorhin. Alina keuchte. So kam sie nicht weiter.

„Wohin wollen Sie?", fragte jemand in gebrochenem Deutsch.

Alina fuhr herum. Vor ihr stand ein stämmiger, schwarzer Mann mit einem Stapel Augustinzeitungen in der Hand. Alina hatte ihn vorhin nicht bemerkt.

„Ähm… zu den Zügen", stammelte sie.

„You go down…", der Mann deutete auf die Rolltreppe, „then straight ahead and then up."

„Danke", murmelte Alina und rannte wieder hinunter.

Genau so hatte sie doch gehen wollen! Doch da war nur eine Sackgasse! Doch wenn der Mann sagte, dass sie so zu den Zügen kam…. Alina rannte an der Abbiegung vorbei. Dahinter war gleich noch eine. Das war es! Sie war zu früh abgebogen!

Sie stand vor den Rolltreppen. Plötzlich kannte sie sich wieder aus. So schnell sie konnte, lief sie hinauf.

Sie kam noch rechtzeitig an. Der Zug fuhr gerade ein. Alina war als Erste drinnen.

Wieder konnte sie nicht lernen. Doch inmitten des Sturms erwärmte etwas ihr Herz. Die Begegnung mit dem Augustinverkäufer kam ihr erneut in den Sinn. Er hatte ihr geholfen, obwohl sie ihn nicht darum gebeten hatte. Diese Erfahrung bildete einen so scharfen Kontrast zu der Frau, die sich ihr aufdrängte, die es für selbstverständlich hielt, dass Alina ihr alles gab, was sie hatte. Alina unterdrückte die Tränen. Normalerweise wäre es für sie eine Kleinigkeit, fast schon eine Selbstverständlichkeit gewesen. Doch nun war da wieder ein Funken der Hoffnung in einer heillosen Welt.

Ersticken

Alina kam zu Hause an. Als ihre Mutter sie fragte, wie ihr Tag gewesen war, antwortete sie nur ausweichend: „Ganz normal."

Sie ging sofort in die Küche und nahm zwei Tabletten des Beruhigungsmittels.

„Ich hab da noch was für dich", sagte ihre Mutter.

Sie gab ihr eine Dose mit Kapseln.

„Die sind was Harmloseres zur Beruhigung, rein pflanzlich."

Alina nickte. Sie vertraute der Wirkung solcher Produkte nicht wirklich. Doch schaden würde es wohl schon nicht. So nahm sie etwas später auch eine davon.

Danach ging sie in ihr Zimmer. Alina atmete schwer. Sie steckte ihre rote Geldbörse in den Rucksack. Sie war in den vergangenen Tagen viel dünner und leichter geworden.

Sie ging wieder nach unten. Die Frau dachte wohl, dass Alina beliebig viel Geld zur Verfügung stand, weil sie sich eh immer Geld von ihren Eltern nehmen konnte. Doch das stimmte nicht. Sie hatte all das Geld über ihr Leben angespart! Ihr Vater war Alleinverdiener mit fünf Kindern, die alle kein eigenes Einkommen hatten. Seine primäre Sorge galt der Zukunft seines autistischen Sohnes und nicht, dass Alina jeder Wunsch erfüllt wurde! Plötzlich spürte sie den Drang, es der Frau zu erklären. Sie sollte wissen, dass auch Alina nicht grundsätzlich alles bekam, was sie wollte und dass auch Alina Probleme hatte. Worte begannen in ihrem

Kopf zu kreisen. Immer wieder wiederholte sie in Gedanken, was sie der Frau sagen wollte.

„Der Grund, warum ich so viel Geld hatte, ist nicht, weil meine Eltern so unglaublich reiche Leute sind und ich eh immer alles krieg, sondern weil ich mein Leben lang so gut wie nichts ausgegeben habe!

Mein Vater ist Alleinverdiener mit fünf Kindern, die alle noch in Ausbildung beziehungsweise wahrscheinlich arbeitsunfähig sind. Mein Bruder ist Autist. Mein Vater kann oft nicht schlafen, weil er sich Sorgen um die Zukunft seines Sohnes macht. Auch ich krieg nicht immer alles, was ich will, ok!"

Diese Worte wiederholten sich hunderte Male in ihrem Kopf. Alina ließ es zu, denn es lenkte sie von anderen Gedanken ab.

Bevor sie ins Bett ging, nahm Alina wieder mehr Beruhigungsmittel, als gut für sie war. Doch dass es in diesen Mengen nicht gesund war, wurde ihr nur noch am Rande bewusst.

Sie wachte in der Nacht wieder mehrmals auf. Groteske Träume vermischten sich mit der Realität zu einer Brühe der Verwirrung. Immer wieder fand sie sich nicht wissend, ob sie wach war oder schlief. Dann wieder schreckte sie hoch und fand sich plötzlich in der Realität wieder.

Sobald ihre Mutter und ihre kleinen Geschwister gegangen waren, stand sie auf. Das erste, was sie tat, war es, erneut Beruhigungsmittel zu schlucken.

Alina ging lange Zeit im Haus auf und ab, nur in dem Versuch, ihren Kopf frei zu bekommen. Sie aß kaum etwas. Schließlich war es Zeit für sie zu gehen.

Ohne ihre Umgebung wahrzunehmen, ging sie zum Bahnhof, stieg in den Zug, setzte sich und schaute aus dem Fenster.

Irgendwann kam sie in Wien an. Alina stieg aus und ging zur U-Bahn, ohne die Welt um sie herum noch wahrzunehmen.

Schließlich saß sie im Hörsaal. Der Professor für die *Ethnologie des Nahen Ostens* kam herein und begann seinen Vortrag. Alina schrieb jedes Wort, das er sagte, mit, doch ohne den Inhalt zu verstehen. Vor genau einer Woche war sie hier gesessen. Erst vor einer Woche hatte sie ihrer Zukunft voller Hoffnung entgegengeblickt. Nun war nichts mehr davon übrig.

Ihr Handy klingelte. Alina zuckte zusammen. War sie es? Die Frau, die Alina nun schon seit einer Woche in ihren Fängen hatte? Reichte es ihr nicht, Alinas Traum zu zerstören? Musste sie auch noch ihr Studium behindern?

Alina hob ab und rannte aus dem Hörsaal. „Hallo", sagte sie.

„Hallo", ertönte die Stimme der Frau „Wo bist du?"

„In einer Vorlesung", antwortete Alina.

„Oh, hab ich dich gestört?", fragte die Frau unschuldig.

„Nein, kein Problem", antwortete Alina. Doch innerlich kochte sie vor Wut. Sie hatte der Frau doch genau gesagt, dass die Vorlesung um ein Uhr endete. Wenn sie schon alles von Alina wollte, dann konnte sie wenigstens so viel Respekt vor Alinas Leben zeigen, dass sie sich danach richtete, wann sie Zeit hatte!

„Wann hast du denn Zeit?", fragte die Frau.

„Um ein Uhr endet die Vorlesung", wiederholte Alina, was sie ihr schon gestern gesagt hatte. „Dann kann ich kommen."

„OK, dann bis dann", sagte die Frau.

„OK, tschüss", antwortete Alina und legte auf.

Sie eilte zurück in den Hörsaal und versuchte wieder Anschluss an die Worte des Vortragenden zu finden. Doch der Ärger über die Frau lenkte sie ab. Alina wollte diesem Ärger Luft machen. Doch sie fraß schon seit jeher alles in sich hinein.

Als die Vorlesung vorbei war, packte sie so schnell wie möglich ihre Sachen ein und verließ als Erste den Hörsaal.

Sie eilte in Richtung U-Bahn-Station. Zum Glück waren die Ampeln beide gerade grün.

Als sie ankam, sah sie auch schon die Frau ihr zuwinken.

„Hallo", sagte Alina.

„Hallo", rief die Frau. Sie deutete in Richtung Hauptuni. „Gehen wir dahin?", fragte sie.

Erneut führte sie Alina an der Uni vorbei.

„Ich hab nochmal darüber nachgedacht. Ich finde es schön, dass du singst. Der Mensch muss sich öffnen. Dann ist die Seele viel freier." Während die Frau das sagte, fuchtelte sie wild mit den Armen in der Luft.

„Äh… ja", sagte Alina. Zorn stieg in Alina hoch. Die Frau sollte sie mit ihren billigen Lebensweisheiten in Ruhe lassen. Sie hatte keine Ahnung, worüber sie redete! Sie wusste nicht, was es Alina bedeutete!

„Du bist so unruhig! Was ist los mit dir? Warum bist du so nervös?", wollte die Frau wissen.

„Ich hab bald vier Prüfungen", antwortete Alina. Dass das nicht der eigentliche Grund für Alinas Anspannung war, sagte sie nicht. Wenn doch ihr einziges Problem baldige Prüfungen wären!

„Man darf sich nicht aufregen", plapperte die Frau drauflos. „Weil wenn man sich aufregt, dann macht man sich nur selber Stress und merkt sich die Sachen nicht. Wenn man ruhig ist, geht alles viel besser."

Ach echt jetzt!

„Ich hab was für dich." Die Frau gab ihr einen kleinen metallenen Gegenstand. „Das ist ein Glücksbringer. Ich trage ihn immer bei mir. Der ist von meiner Mutter, ich will ihn wieder haben."

Das war ja wirklich sehr nett! Doch Alina brauchte keinen Glücksbringer! Was sie brauchte, war die innere Ruhe, um sich auf ihre Prüfungen zu konzentrieren. Doch die hatte sie nicht mehr, seit die Frau sich in ihr Leben gedrängt hatte.

Alina kannte den Ort nicht, an den die Frau sie führte. Sie waren am Eingang irgendeines Gebäudes. Um sie herum waren Mauern. Die Frau setzte sich auf eine Treppe.

„So, hier sieht uns niemand", sagte sie.

Alina setzte sich neben sie.

„Hast du es mit?", fragte die Frau.

„Ja."

„Das, was du mir gestern gegeben hast, waren keine 600 Euro! Es haben 30 Euro gefehlt", sagte die Frau vorwurfsvoll.

„Dann hab ich mich verzählt", sagte sie. „Ich bin in letzter Zeit komplett durcheinander". Erneut saß sie der Frau hilflos gegenüber. Alinas Verteidigung war längst gefallen. Hatte sie der Frau zu Beginn tatsächlich von ganzem Herzen helfen wollen, so tat sie es nun nur noch, weil sie sich nicht gegen sie wehren konnte; weil sie wusste, dass sie es sich ihr Leben lang nicht verzeihen würde, sie im Stich zu lassen.

„Aber es ist gar kein Grund vorhanden, durcheinander zu sein", sagte die Frau.

Sie tat, als wäre überhaupt nichts los, als hätte sie nicht einfach mal so Alinas ganzes Leben auf den Kopf gestellt; als hätte sie sie nicht tagelang bedrängt. Aber klar, Geld war ja völlig unwichtig und ein Traum, der alles war, was man in seinem Leben hatte, wohl auch!

„Hast du dein ganzes Geld mitgenommen?", wollte die Frau wissen.

„Ja", sagte Alina. Sie holte ihre Geldbörse heraus und gab sie der Frau. „Das ist alles, was ich noch habe. Sie können es haben."

Die Frau nahm die Geldbörse entgegen und steckte sie wie selbstverständlich in ihre Handtasche.

Alina schnappe nach Luft. Sie hatte eigentlich nur den Inhalt gemeint. Doch kein Wort des Protests kam über ihre Lippen.

„Gut. Ich merk mir, wie viel ich von dir hab. Du kriegst es natürlich alles zurück, sobald ich die Reise gemacht habe. Jetzt kann ich noch andere Leute fragen. Ich melde mich bei dir. Und ich will wirklich mit dir in Kontakt bleiben."

„Äh... ja." Auf die Idee, „Danke" zu sagen, nachdem Alina gerade alles für sie aufgegeben hatte, kam sie wohl nicht!

Die beiden gingen nach draußen. Plötzlich stand Alina wieder im Freien, der Frau gegenüber.

„Willst du noch irgendetwas sagen?", fragte sie.

„Ja", sagte Alina „Der Grund, warum ich das ganze Geld hatte, ist nicht, dass meine Eltern so reich sind und ich eh immer alles krieg`, was ich will, sondern dass ich mein Leben lang so gut wie nichts ausgegeben habe. Mein Vater ist Alleinverdiener mit fünf Kindern, die alle noch in Ausbildung beziehungsweise arbeitsunfähig sind."

„Wer ist arbeitsunfähig?", unterbrach sie die Frau.

War ja klar, dass Alina nicht zu Ende reden konnte. „Mein Bruder", erklärte sie.

„Was hat er?", wollte die Frau wissen.

„Er ist Autist", sagte Alina.

„Was, Atheist?"

„Nein, Autist!", entgegnete Alina.

„Bitte, was ist das?"

Es war wohl nicht anzunehmen gewesen, dass die Frau irgendetwas davon wusste. Alina überlegte, wie sie es beschreiben sollte, ohne die üblichen Stereotypen von Krankheit und Behinderung weiterzuverbreiten.

„Also, viele Menschen denken, dass es eine Krankheit oder Behinderung ist. Ich finde das nicht. Es ist einfach eine andere Art, die Welt wahrzunehmen, die aber in unserer Gesellschaft sehr hinderlich ist..."

„Sei froh, dass niemand in deiner Familie krank ist", fuhr ihr die Frau dazwischen. „Ich habe Unterleibskrebs. Das wollte ich dir gestern nicht sagen. Deswegen ist mein Bauch auch etwas geschwollen." Sie deutete auf ihren Bauch, an dem eine leichte Schwellung zu sehen war. „Geld ist nicht so wichtig. Das Wichtigste ist, dass alle in deiner Familie gesund sind."

Erneut schämte sich Alina, auch nur zu denken, Probleme zu haben.

„Ich melde mich bei dir", sagte die Frau.

Alina nickte.

Die Frau umarmte sie wieder. Dann gingen sie auseinander.

So vieles stürzte in diesem Moment auf Alina nieder. Scham, Selbsthass, Angst, Wut und das sichere Wissen, dass sie alles weggegeben hatte; alles was ihren Traum je möglich gemacht hatte. Sie hatte die Sicherheit gehabt, dass sie mit Andis Hilfe etwas erreichen konnte. Jetzt stand sie ohne irgendetwas da; ohne jegliche Perspektive.

Alles, was sie tun konnte, war es, zu hoffen, dass die Frau ihr das Geld tatsächlich in absehbarer Zeit wiedergeben würde. Doch sie konnte nicht daran glauben. Es wäre zu schön, plötzlich wieder alles zu haben, was sie für ihre Ziele brauchte. Irgendwie wusste sie tief in ihrem Inneren, dass sie das Geld nicht wiederbekommen würde.

Sie erreichte die U-Bahnstation. Der Zug erschien. Die Gleise! Sie sahen so verlockend aus. Sich einfach da hinunterzustürzen, von der U-Bahn überrollt werden. Ein kurzer Augenblick… dann wäre es vorbei. All die Hoffnungslosigkeit… weg! Sie hätte gelebt, ohne irgendetwas erreicht zu haben, ohne dass irgendetwas von ihr blieb, doch sie müsste sich keine Gedanken mehr darüber machen.

Alina stieg in den Waggon. Um sie herum quetschten sich Menschen hinein. Es war so eng, dass sie sich nicht bewegen konnte. Alles in ihrer Umgebung schien sie zu erdrücken.

Als sie ausstieg, um in die U1 zu wechseln, verfolgte sie dasselbe Gefühl, von allem um sie herum bedrängt zu werden. Alina konnte nicht mehr atmen. Die Gleise! Es könnte alles so schnell zu Ende sein! Nur ein einziger, kleiner Sprung.…

Alina stieg ein.

Beim Bahnhof musste sie sich bereits beeilen, weil sie viel Zeit verloren hatte. Es war gut, sich bewegen zu können.

Umso schwerer fiel es ihr, im Zug still zu sitzen. Alina wollte erneut lernen, doch sie konnte es nicht. Sie wusste nicht, ob sie je wieder lernen könnte. Doch sie würde die Prüfungen nicht schaffen! Nachdem sie ihren Traum verloren hatte, würde sie auch noch bei allen vier Prüfungen durchfallen. Das hieß, sie musste am Ende der Ferien alle sieben Prüfungen machen. Und das wiederum hieß, dass sie sich nach fast einem Jahr, in dem sie nur arbeitete, keinen einzigen Moment entspannen würde können!

Alina erstickte an alledem. Sie konnte nicht länger weiter. All das behielt sie für sich, denn sie hatte der Frau versprechen müssen, es niemandem zu sagen. Die Frau wollte Ehrlichkeit von Alina. Doch gleichzeitig erwartete sie von ihr, dass sie jeden Menschen, dem sie nahestand, fortwährend belog!

Doch Alina konnte es ohnehin niemandem sagen! Keiner würde sie je verstehen.

Als ihre Mutter sie zu Hause fragte, wie ihr Tag gewesen sei, gab sie nur ausweichende Antworten. Sie brachte ihr Mittagessen kaum hinunter.

Als sie es geschafft hatte, zog sie sich in ihr Zimmer zurück. Sie saß da und starrte aus dem Fenster. Tausende Gedanken stürmten auf sie ein. Wenn sie bloß die Zeit zurückdrehen könnte, wenn sie neu anfangen könnte…. Doch sie würde wieder so handeln. Alina hätte nicht anders handeln können. Sie hätte die Frau nicht im Stich lassen können. Das hätte sie sich ihr Leben lang nicht verziehen! Überall, wo sie hingegangen wäre, hätte sie die Schuld verfolgt; das Wissen, einen anderen Menschen aus purem Egoismus im Stich gelassen zu haben.

Sie ging wieder hinunter. Hermes wollte von ihr gestreichelt werden. Sie wies ihn zurück. Ingmar wollte mit ihr spielen. Alina wollte nicht.

Sie ging hinaus und fuhr mit dem Rad eine große Runde. Sie musste einfach den Kopf frei bekommen. Alina fuhr so schnell, dass sie die ganze Welt hinter sich zu lassen schien.

Doch sobald sie wieder zu Hause war, verfolgten sie dieselben Ängste. Das Gefühl, dass etwas seine Hände fest um sie geschlossen hatte, folgte ihr überall hin. Nichts, was sie tat, konnte ihr dieses Gefühl nehmen. Alina lief stundenlang im

Haus hin und her, ohne all diese Gedanken je aus ihrem Kopf zu kriegen.

Was, wenn sie es ihrer Mutter sagte? Sie durfte nicht! Doch wieso, die Frau würde es nie erfahren. Alina würde ihr Versprechen brechen, doch das wäre egal, denn sie schuldete dieser Frau nichts. Ihr wurde immer deutlicher klar, dass sie nicht stark genug war, um all das alleine zu tragen.

Sie konnte es höchstens ihrer Mutter erzählen, denn ihr Vater würde es sicher nicht verstehen. Wann hatte er denn je auch nur versucht, sie zu verstehen?

Doch wie sagte sie es? Erneut begannen die Worte in ihrem Kopf zu kreisen. Immer wieder wiederholten sich in ihren Gedanken die Sätze, die sie sagen wollte. Sie konnte es ihr nur morgen Früh sagen, wenn nicht so viele Leute im Haus wären.

Sie nahm eine Beruhigungstablette. Es wirkte kaum. Alina nahm wenig später noch zwei. Irgendwann war ihr Kopf ein wenig klarer. Doch es dauerte nicht lange an. Alina sah, dass sie nur noch wenige Tabletten Xanor hatte. So nahm sie einmal zwei der anderen, obwohl sie nicht annahm, dass diese irgendetwas bewirken würden.

Die Worte der Frau begannen in ihrem Kopf herumzuspinnen. Ihre abstruse Behauptung, Jesus hätte gewollt, dass sie sich trafen und wenn Jesus es nicht gewollt hätte, dann hätte sie Alina übersehen, oder Alina wäre einfach weitergegangen. Was Alina tat, war immer noch ihre Entscheidung! Sie war keine Marionette! Wenn sie etwas Gutes tat, kam das ebenso von ihr, wie wenn sie etwas Schlechtes tat. Wenn sie einfach weitergegangen wäre, so wäre das ebenso ihre Entscheidung, wie dass sie stehengeblieben war.

Wenn es von Jesus gewollt gewesen war, dass die Bettlerin auf Alina aufmerksam wurde, dann musste es auch von Jesus gewollt sein, wenn man an die falschen Leute geriet.

Alina schüttelte den Gedanken ab. Man konnte von solchen Leuten keine Logik erwarten. Sie hatten ihren Glauben, den sie niemals hinterfragten.

Gegen Abend nahm Alina noch zwei Beruhigungstabletten. Sie musste sparsam damit umgehen, denn es waren nicht mehr sehr viele übrig. Alina hatte heute nichts gemacht, außer im Haus hin und herzurennen und zu versuchen, ihren Kopf frei zu bekommen. Ihr wurde immer klarer, dass sie sich jemandem anvertrauen musste; dass sie all das alleine nicht mehr tragen konnte.

Sie blieb wieder mit ihren Geschwistern lange auf. Als sie nach ein Uhr alle ins Bett gingen, beschloss sie, es auch zu tun. Alina nahm noch zwei Tabletten Xanor. Danach nahm sie die Dose mit den pflanzlichen Beruhigungsmitteln.

Eine oder zwei Kapseln davon würden bestimmt gar keinen Effekt zeigen. Alina nahm eine Handvoll und schluckte sie eine nach der anderen.

Als sie sich die Zähne geputzt hatte, ging sie ins Bett. Sie versuchte, an irgendetwas anderes zu denken. Doch dieselben Gedanken, die sie den Tag über gequält hatten, verfolgten sie auch weiterhin. Die Worte, die sie ihrer Mutter sagen wollte, die Worte, die die Frau zu ihr gesagt hatte, all das wiederholte sich wieder und wieder in Alinas Kopf. Sie drehte sich in ihrem Bett hin und her, doch die Gedanken wollten sie nicht loslassen.

Irgendwann stand sie auf. Ein Blick auf die Uhr sagte ihr, dass es lang nach drei Uhr früh war. Nachdem sie den ganzen Tag nichts gegessen hatte, spürte sie starken Hunger. Ihr ganzer Körper fühlte sich seltsam an. Alina machte sich zwei Toastbrote. Sie bestrich sie mit Himbeermarmelade. Doch nach wenigen Bissen bekam sie nichts mehr hinunter. Übelkeit und eine seltsame Anspannung machten sich in ihr breit.

Sie konnte nicht mehr einfach nichts tun. So beschloss sie spontan, hinauszugehen. Kurz überlegte sie, Hermes mitzunehmen. Er würde zwar das ganze Haus aufwecken, doch sie wollte ihm wieder einmal eine Freude machen.

So rief sie seinen Namen und nahm die Leine. Hermes kam hinuntergerannt und begann sofort wie wild zu kläffen.

„Pst... sei doch leise, Hermes!", zischte sie und brachte ihn in den Windfang.

Hermes hörte nicht auf, zu bellen, bis sie auf der Straße waren. Dann rannte er sofort wie wild los. Alina hatte keine Wahl, als hinter ihm herzurennen. Nach einer Weile ging es etwas ruhiger weiter. Ihr Hund gab immer noch die Richtung vor, doch er zerrte nicht mehr ganz so oft wahllos irgendwohin.

Die Bewegung und die frische Luft taten Alina gut. Sie wollte sich nicht mehr hinlegen. Doch gleichzeitig wollte sie auch nicht die ganze Nacht hier draußen bleiben. Irgendwann sollte sie wieder versuchen zu schlafen.

Auf dem Rückweg wurde Alina plötzlich so schlecht, dass sie nicht mehr weiter konnte. Doch Hermes zog sie nach wie vor hinter sich her.

„Hermes, bitte bleib stehen", keuchte sie, doch er hörte nicht auf sie.

Alinas ganzer Körper rebellierte. Sie spürte den Drang, sich zu übergeben, doch sie konnte nicht. Ihre Beine begannen zu zittern, schienen ihr Gewicht kaum noch tragen zu können. Sie konnte sich nicht erinnern, sich je so elend gefühlt zu haben. Alles, was sie noch wollte, war es, sich hinsetzen zu können.

„Bitte Hermes, bleib stehen!" Ihre Stimme war kaum noch mehr als ein Flüstern.

Hermes zog sie weiter hinter sich her. Sie musste ihn irgendwie unter Kontrolle halten, doch sie konnte kaum noch gehen. Als Hermes sie bergauf führte, begann sie zu würgen. Wenig später übergab sie sich auf dem Gehsteig. Alina atmete schwer. Doch Hermes wollte nicht stehenbleiben. Alina hielt ihn mit aller Kraft an Ort und Stelle. Kurz lehnte sie sich gegen eine Hauswand, bevor sie weitergehen konnte.

Als sie zu Hause ankam, fiel es ihr schwer, die Türe aufzusperren, weil ihre Hände stark zitterten. Sobald sie es geschafft hatte, ließ sich Hermes in der erstbesten Ecke niedersinken. Alina schleppte sich hinauf und legte sich wieder in ihr Bett. Die seltsame Übelkeit war verschwunden. Stattdessen fühlte sie sich derart ausgelaugt, dass sie sich kaum noch bewegen konnte. So schaffte sie es trotz düsterer Gedanken irgendwann einzuschlafen.

Erwachen

Als Alina aufstand, waren ihre Mutter und Hermes gerade im Weggehen begriffen. So beschloss Alina, später mit ihr darüber zu reden. Vorerst sagte sie nur, dass sie in der Nacht nicht schlafen hatte können, um den Krach, den Hermes verursacht hatte, zu erklären. Sobald ihre Mutter weg war, begannen dieselben Gedanken durch Alinas Kopf zu kreisen. Sie wartete auf die Rückkehr ihrer Mutter, doch gleichzeitig hatte sie Angst davor.

Irgendwann kam ihre Mutter herein. Alina ertappte sich dabei, wie sie nach Gründen suchte, um das Gespräch hinauszuzögern. Doch es hatte keinen Sinn! Sie musste sich jetzt zwingen zu sagen, was ihren ganzen Verstand einnahm. Wenn sie die Worte nicht aussprach, würden sie niemals ihren Kopf verlassen.

„Mama, kann ich dir etwas erzählen, ohne dass du mich gleich verurteilst, oder als blöd abtust?", begann sie.

Ihre Mutter setzte sich gegenüber von ihr hin. „Natürlich... ich hab schon länger gemerkt, dass irgendetwas los ist."

„Keine Sorge, ich habe keine Drogen genommen und schwanger bin ich auch nicht", fügte sie schnell hinzu.

„Gut, das habe ich auch nicht angenommen", meinte ihre Mutter.

Alina ordnete ihre Gedanken. Es fiel ihr schwer weiterzusprechen. „Also letzte Woche hat mich eine Frau angesprochen. Sie hat gesagt, sie kommt aus dem Kosovo und ist dann hierher gezogen. Jetzt lebt sie mit ihren Kindern in einer Wohnung und kann die Miete nicht bezahlen. Sie hat gesagt, wenn sie das Geld in einer Woche nicht hat, würde die Vermieterin sie raushauen. Sie hat alle Leute um Hilfe gefragt. Irgendwelche Männer wollten, dass sie sich prostituiert, um an das Geld zu kommen. Und sie braucht 390 Euro. Gut, die hab ich ihr gegeben.

Dann hat sie mir gesagt, dass sie illegal hier ist und dass sie die Papiere machen muss. Dazu braucht sie 5000 Euro für die Papiere für sie und ihre Kinder und für die Reise...."

„Das kostet niemals so viel", unterbrach sie ihre Mutter.

Alina blickte auf. Sie selbst hatte sich gewundert, warum eine Reise in den Kosovo 1500 Euro kosten sollte. All ihre Zweifel, die ihr Gewissen ihr stets verboten hatte, kamen mit einem Mal auf sie nieder.

„Die Papiere für eine Person zu machen, kostet höchstens 100 Euro", fuhr ihre Mutter fort. „Die Frau hat dich komplett betrogen."

Alina schluckte. Es wurde ihr mit einem Mal klar. All die Gedanken, die ihr Gewissen ihr nicht erlaubt hatte zu formulieren, stürmten auf einmal auf sie ein. Warum war es der Frau so wichtig gewesen, dass Alina es niemandem erzählte? Natürlich, damit ihr niemand sagte, dass sie betrogen wurde. Warum hatte die Frau sich immer an irgendwelchen abstrusen Orten mit ihr treffen wollen? Warum war es ihr so wichtig gewesen, dass sie niemand sah? Plötzlich ergab alles Sinn.

Und Alina war nun hier mit nichts. Ihre Ersparnisse waren weg; ihre Grundlage für ihren Traum war weg. All das, wofür sie so hart gekämpft hatte... weg! Für nichts!

„Ich würde ihr das Geld nicht geben", sagte ihre Mutter.

„Hab ich schon!", rief Alina. „Sie hat mich die ganze Zeit bedrängt. Und immer wenn ich ihr etwas gegeben habe, hat sie noch mehr verlangt. Und jedes Mal hat sie betont, wie dankbar sie mir ist und wie viel ich schon für sie getan habe. Aber so unterschwellig hat sie dann immer gesagt, dass ich ein schlechter Mensch bin, wenn ich ihr nicht alles gebe. Ich habe mich gefühlt, als wäre ich Abschaum, weil ich ein eigenes Leben habe, ok!"

Alina versuchte ihre Gedanken zu ordnen. Sie musste jetzt herausfinden, wie viel Geld sie noch hatte. „Mama, kannst du schauen, wie viel ich noch am Sparbuch habe? Ich will dann bei Gelegenheit etwa 1000 Euro abheben. Damit ich zumindest wieder etwas da hab."

„Ich glaube nicht, dass du noch 1000 Euro hast", sagte ihre Mutter.

Alina verkrampfte sich. Sie hatte fix damit gerechnet, dass sie noch mindestens 2000 hatte. Damit hätte sie zumindest ein Video drehen können. Doch mit weniger als 1000 Euro hatte sie de facto nichts.

Ihre Mutter stand auf. „Ich werde nachschauen. Aber ich glaube nicht, dass du noch so viel hast", sagte sie.

Sie ging ins Wohnzimmer und kramte in einer der Laden. Nach längerem Suchen fand sie die Sparbücher. „OK, da steht, du hast noch 1080 Euro", meinte sie.

Alina atmete schwer. Es war gewiss zu wenig, wenn sie die ganze Ausrüstung mitberücksichtigte. Sie musste mit Andi reden. Doch wie sollte sie ihm das erklären, wo sie doch vor wenigen Tagen schon alles quasi vereinbart hatten? Wie sollte sie ihm sagen, dass sie alles aufgegeben hatte, nachdem er ihr so lange geholfen hatte. Er hatte mit ihr gemeinsam auf ihre Ziele hingearbeitet, ohne sich je irgendeinen Vorteil davon zu erhoffen und nun hatte sie alles weggeschmissen. Was würde er nur über sie denken?

Plötzlich hatte sie das unbändige Bedürfnis, verstanden zu werden. „Ich hätte das Geld gebraucht, um die Videos zu drehen, damit die Produzentin von Andi auf mich aufmerksam wird. Das, was ich noch hab`, wird sicher nicht reichen", sagte sie.

Ihre Mutter antwortete nur: „Naja, du kriegst ja wieder Geld rein. Dann machst du's halt in drei Jahren."

Alina konnte nicht glauben, was sie eben gehört hatte. Wie konnte ihre Mutter einfach so sagen, sie sollte es eben in drei Jahren machen?!? Genau, weil Alina ja nicht etwa bereits seit drei Jahren darauf hinarbeitete!!! Weil sie in drei Jahren nicht etwa drei Jahre älter sein würde und ein Anfang umso schwieriger wäre! Doch wie hatte sie auch erwarten können, von ihrer Familie verstanden zu werden? Niemand hier hatte ihre Träume je ernst genommen! Sie konnte nicht länger hierbleiben! Kurzentschlossen rannte sie in ihr Zimmer.

Alina atmete schwer. Sie musste Andi jetzt schreiben. So drehte sie ihren Computer auf. Ihr ganzer Körper zitterte, während er hochfuhr. Alina blickte kurz auf ihre Facebook-Nachrichten.

Wieder hatte sie mehrere neue von Typen, die sie nicht kannte. Sie ignorierte sie alle und suchte Andi.

Mehrere Minuten lang starrte sie auf die letzte Nachricht, die er ihr geschrieben hatte. Sie suchte nach passenden Worten um ihre Situation zu erklären. Doch ihr Kopf war leer.

„Hallo Andi", schrieb sie. Dann fiel ihr mehrere Minuten nichts ein. Alina drängte die Tränen zurück. Ein Teil von ihr wollte nicht einsehen, dass alles aus war. Ihr Traum war gescheitert, denn auch Andi würde ihr jetzt wohl nicht mehr helfen wollen. Wieso sollte er auch, wenn sie all die Energie, die er in ihre Ziele investiert hatte, so offensichtlich nicht zu schätzen wusste!

Mehrmals begann Alina einen Text zu verfassen. Doch jedes Mal löschte sie ihn wieder. Es gab einfach keine Worte, die all das ausdrücken konnten.

Irgendwann stand da: *„Ich wurde diese Woche um drei Viertel meines Geldes betrogen. Eine Frau, die sich als Bettlerin ausgegeben hat, hat mich mehrfach psychisch unter Druck gesetzt. Ich glaube nicht, dass das, was ich noch habe, reichen wird.*

Es tut mir leid um all die Zeit, die du damit verbracht hast, dir über meine Ziele Gedanken zu machen."

Alina konnte die Tränen nicht mehr zurückhalten, als sie die Nachricht abschickte. Die Wahrheit begann immer deutlicher in ihr Bewusstsein zu sickern. Sie konnte es nicht länger verdrängen: Nachdem sie ihrem Ziel so nah gekommen war, war es nun wieder unerreichbar. Alles, wofür sie die letzten Jahre gelebt hatte, war weg und sie konnte nichts mehr tun.

Natürlich könnte sie die Ferien über arbeiten. Doch dann würde sich in ihrem Studium alles verzögern und am Ende wäre es zu viel auf einmal, als dass sie noch Zeit hätte, ihren Traum zu verfolgen. Tief in ihrem Inneren wusste sie, dass es vorbei war. Doch ein Teil von ihr hoffte immer noch auf ein Wunder.

Alina schaltete den Computer aus. Sie konnte nicht länger auf ihre Nachricht starren. Schwer atmend stützte sie sich auf ihren Schreibtisch.

Sie würde heute noch ihre Oma besuchen, fiel ihr ein. Doch wie sollte sie jetzt bei ihrer Oma Gesangsunterricht nehmen und dabei so tun, als wäre nichts gewesen.

Nun, Alina würde fortan so tun müssen, als wäre nichts gewesen. Sie würde so tun müssen, als wäre ihr Traum nie gewesen!

In ihrem Inneren stieg ein unbändiger Hass auf. Die Frau hatte alles zerstört und es kümmerte sie nicht einmal! Selbst wenn sie wüsste, was sie Alina tatsächlich angetan hatte, es wäre ihr egal! Sie hatte Alina niemals auch nur als Mensch gesehen! Für sie war Alina bloß eine Sache, von der man sich alles nehmen konnte.

Alina spürte Scham bei dem Gedanken, dass sich die Frau ganz bewusst sie ausgesucht hatte. Sie hatte Alina ihre Unsicherheit gleich angemerkt, wie so viele vor ihr und sie hatte sie schamlos ausgenutzt!

All der Hass auf die Frau vermischte sich mit Hass auf sich selbst. Ihr Leben lang schon ließ sie andere auf sich herumtrampeln, weil sie zu schwach war, sich zu wehren. Seit jeher ließ sie andere über sich bestimmen und nun hatte es sie alles gekostet. Alina zitterte vor Wut. Im Geiste stellte sie sich vor, wie sie sich selbst zerfleischte. Ihre Finger tasteten in der Schreibtischlade nach ihrem Taschenmesser. Ihr Atem ging keuchend und stoßweise. Trotz all des Schmerzes, den sie ihr Leben lang mit sich trug, hatte sie nie den Mut aufgebracht, sich selbst zu verletzen.

Ihr Blick fiel auf ihren Knöchel. Alina fuhr mit der Klinge über ihre Haut, erst nur schwach, dann stärker. Die Wut steuerte ihre Bewegung. Nichts geschah. Alina war enttäuscht. Doch dann strömte Blut aus ihrer Wunde, erst nur wenig, dann mehr. Es floss seitlich an ihrem Fuß hinab und tropfte zu Boden. Alina zog das Messer erneut über ihre Haut. Wieder dasselbe. Bald hatten sich am Boden große Blutflecken gebildet.

Alina atmete schwer. Eine Art grimmiger Stolz breitete sich in ihr aus. Sie hatte tatsächlich den Mut aufgebracht. Vielleicht war sie allen Menschen schutzlos ausgeliefert, vielleicht hatte sie nicht die Kraft, sich gegen irgendjemanden zu behaupten. Doch sie hatte die Kraft, sich selbst zu verletzten! Sie konnte ihre Hemmungen überwinden. Dieses Wissen gab ihr das Gefühl, über irgendetwas in ihrem Leben die Kontrolle zu haben.

Im nächsten Moment fiel ihr ein, dass jemand sehen konnte, was sie eben getan hatte. Sie wollte nicht darauf angesprochen werden. Keiner hier würde es verstehen! Sie war damit allein, wie sie ihr ganzes Leben lang allein gewesen war.

So nahm sie ein Taschentuch und hielt es auf die Wunde. Mit der Zeit begann sie den Schmerz zu fühlen. In dem Moment, da sie durch ihr Fleisch geschnitten hatte, hatte es ihr nicht wehgetan. Doch jetzt spürte sie ein Pochen an ihrem Knöchel. Der Schmerz störte sie nicht. Er lenkte sie von all dem Leid in ihrem Inneren ab.

Ihre Mutter rief sie zum Essen. Alina zog sich schnell möglichst dunkle Socken an und rannte hinunter.

Beim Essen kehrten all ihre Gedanken zurück. Es war vorbei! Alles, wofür sie so lange gearbeitet hatte! Sie hatte sich schamlos ausnutzen lassen, weil sie schwach war! Ihr Leben lang hatte sie nicht für sich selber einstehen können und nun hatte sie alles verloren: ihren Traum, ihre Würde und wahrscheinlich auch ihren besten Freund. Wahrscheinlich würde Andi nichts mehr mit ihr zu tun haben wollen, nachdem er so viel Zeit und Energie in sie investiert hatte, nur, damit sie es einfach wegwarf.

Unwillkürlich erinnerte sie sich an die Zeit, als alles angefangen hatte; als sie beschlossen hatte, Sängerin zu werden. Damals war sie mit ihrem Traum allein gewesen und hatte nichts gehabt als ihre Stimme.

Mit Andi hatte sich alles geändert. Sie hatte eine echte Chance gehabt und einen Menschen, dem sie wichtig gewesen war und der ihren Wunsch verstanden hatte. Doch nun war sie wieder allein; mit nichts!

Nach dem Mittagessen schwang sie sich auf ihr Fahrrad und machte sich zu ihrer Oma auf. Hunderte Fragen schossen durch ihren Kopf. Was würde sie ihrer Oma sagen? Oder würde sie gar nichts sagen? Doch wie könnte sie einfach so tun, als wäre nichts gewesen?

Sie kam bei ihrer Oma an. „Hallo Oma!", rief sie.

„Hallo."

Sie gab ihrer Oma die Hand. Dann setzte sie sich in die Küche.

„Magst du einen Orangensaft?", fragte ihre Oma.

„Äh… ja."

„Und wie geht es dir?", wollte ihre Oma heiter wissen.

Alina konnte in dem Moment nicht lügen. Sie konnte nicht behaupten, dass alles in Ordnung sei. „Also bis auf das, dass ich gerade um drei Viertel meines Geldes betrogen wurde, geht es mir gut!", rief sie sarkastisch.

„Was, nein!", stieß ihre Oma hervor.

Alina blickte zu Boden. Sie konnte sie nicht direkt ansehen.

„Was ist denn passiert?", wollte ihre Oma wissen. Sie setzte sich auf den Platz gegenüber von Alina.

In aller Kürze erzählte sie ihr von der Begegnung mit der penetranten Bettlerin. Sie berichtete von all den psychischen Tricks, mit denen die Frau sie manipuliert hatte. Doch Alina konnte nicht beschreiben, was sie gefühlt hatte; was sie jetzt gerade fühlte. Sie konnte nicht für andere verständlich machen, wie sie immer mehr die Kontrolle über ihren eigenen Körper verloren hatte, wie sie gezwungen gewesen war, zu tun, was die Frau gewollt hatte.

Ihre Oma schien schockiert über die Geschichte. „Was, das ist ja…"

Alina wollte all die Dinge aussprechen, die sie plagten. „Sie ist gleich von Anfang an davon ausgegangen, dass ich eh alles hab und mir eh immer von meinen Eltern Geld holen kann. Dabei hat sie nichts über mich gewusst."

„Diese Leute müssen nichts über einen wissen", sagte ihre Oma „Sie behaupten einfach etwas und hoffen, dass irgendetwas dran ist. Und es muss auch nicht stimmen, damit sie es dir einreden."

Alina atmete scharf aus.

„Ich habe auch immer mit angeblichen Bettlern zu tun, die hier anläuten. Stell dir vor, ich habe einmal einem etwas gegeben und am nächsten Tag waren es gleich zehn. Und manchmal gehen sie auch wie selbstverständlich ins Haus hinein und setzen sich an den Tisch! Ich pass jetzt immer auf, wem ich überhaupt die Tür öffne", erzählte ihre Oma.

Alina nickte. Sie kannte diese Geschichten.

„Sie gehören zu teilweise großen Gruppen, die sich genau absprechen, bei wem etwas zu holen ist. Manchmal schicken sie sogar Kinder. Die Frau, die dich betrogen hat, hat das sicher gelernt", fuhr ihre Oma fort.

Erneut nickte Alina. Sie konnte immer noch nicht fassen, wie sie sich derart hatte ausnutzen lassen können. Sie hatte gleich gewusst, dass die Frau lügen konnte. Doch zu Beginn hätte der Preis, ihr zu helfen, Alina nicht ernsthaft geschadet. Später hatte ihr Gewissen ihr nicht mehr erlaubt, die Frau zu beschuldigen. Zu gut erinnerte sie sich, wie sie sich selbst gehasst hatte, wann immer sie der Frau Vorwürfe gemacht hatte.

„Ich wurde einmal erpresst. Ich war in meiner Wohnung in Wien. Meine Eltern haben mir nicht erlaubt, deinen Opa ins Haus zu lassen. Aber einmal hat es sehr stark geregnet. Da hab ich ihn doch hineingelassen. Später hat meine Vermieterin mir gedroht, dass sie es meinen Eltern sagt, wenn ich ihr nicht alles Geld gebe, was ich hier habe. Und damals waren es ja noch andere Zeiten...."

Alina schluckte. Auch wenn sie es wusste, war es immer wieder aufs Neue schwer zu glauben, welch widerwärtige Menschen es auf dieser Welt gab.

„Ich würde damit zur Polizei gehen. Und an alle Zeitungen", schlug ihre Oma vor.

Alina blickte zu Boden. Ja, sie würde gewiss zur Polizei gehen, beschloss sie spontan. Doch sie hatte Zweifel, ob sie einem Fremden davon erzählen konnte.

„Ja, ich muss rausfinden, wann ich wo zur Polizei gehen kann", überlegte Alina. „Zu den Zeitungen werde ich eher nicht gehen, weil ich will nicht, dass meine Geschichte auch noch von irgendwelchen Zeitungen auseinandergenommen wird."

Ihre Oma nickte. „Hör zu, du musst auf jeden Fall zur Polizei gehen. Es kann durchaus sein, dass die Frau sich nochmal bei dir meldet. Vielleicht sagt sie dir, sie kann dir das Geld jetzt zurückgeben und will dann stattdessen noch mehr."

„Gut", sagte Alina. Sie würde es auf jeden Fall tun. Wenn es eine Chance gab, die Frau zur Rechenschaft zu ziehen, dann würde sie sie nutzen! Sie konnte das hier nicht auf sich beruhen lassen, wie sie ihr Leben lang alles auf sich beruhen hatte lassen. Sie konnte die Frau nicht einfach davonkommen lassen, nachdem sie ihr alles genommen hatte.

Und es war ihre Pflicht, denn sie würde nicht das letzte Opfer dieser Kreatur bleiben! Wenn sie irgendjemandem das, was sie jetzt durchmachte, ersparen konnte, dann würde sie es tun, egal, was dafür nötig war!

In dem Moment kam ihr Opa zu ihnen. Alinas Körper verkrampfte sich.

„Hallo", sagte er und gab ihr die Hand.

„Hallo", stammelte Alina.

„Stell dir vor", sagte ihre Oma „Sie ist betrogen worden."

Alinas Herz sank. Natürlich musste sie es ihm erzählen. Wahrscheinlich würde morgen die ganze Großfamilie davon wissen. Die Scham war so überwältigend, dass Alina es nicht länger ertragen konnte. Sie fühlte sich, als wäre etwas aus ihr herausgerissen worden. Der Gedanke an all die herablassenden Kommentare, die sie noch hören würde, zerriss ihr Inneres. All ihre Geschwister würden es erfahren... ihr Vater würde es erfahren! Alina wollte weg, nur noch weg!

„Was ist passiert?", fragte ihr Opa.

Ihre Oma erzählte ihm in aller Kürze Alinas Geschichte.

„Also, das war aber schon sehr leichtsinnig, der das Geld zu geben", sagte ihr Opa.

„Was, das war bloß Mitleid! Sie wollte helfen!", rief ihre Oma.

„Ja, aber man gibt doch nicht einfach mal so einem Fremden so viel Geld!", erwiderte ihr Opa.

Alina stand auf und verließ den Raum. Keiner der beiden hatte die leiseste Ahnung, wovon er sprach! Sie wussten nicht, was das hier wirklich bedeutete; dass Alina schamlos ausgenutzt worden war! Sie hätte das freiwillig nie getan. Doch Alina würde das nie erklären können.

Sie versuchte dem Gespräch ihrer Großeltern nicht länger zuzuhören. Alles, was sie noch wollte, war, von dieser Welt nichts mehr mitzubekommen.

Etwas später kam ihre Oma zu ihr. „Wir müssen erstmals herausfinden, welche Polizeistation für Wien ersten Bezirk zuständig ist", sagte sie.

Alina nickte geistesabwesend.

„Ich schau, wo ich anrufen kann." Oma holte ein Telefonbuch aus dem Kasten und begann darin zu blättern. Dann ging sie zum Telefon und wählte eine Nummer. Eine Weile geschah nichts. Dann sagte sie: „Grüß Gott, Reitmeier hier. Meine Enkelin wurde um 3000 Euro betrogen… in Wien, erster Bezirk. Welche Polizeistation ist dafür zuständig?" Kurz schwieg ihre Oma. Dann sagte sie: „Ach so, jede in Wien. Passt, danke. Auf Wiederhören."

Ihre Oma kam zu Alina. „Gut, du kannst sie bei jeder Polizeistation in Wien anzeigen", wiederholte sie.

Alina nickte erneut. Sie rang nach Worten, doch ihr wollten keine einfallen. Am liebsten würde sie hier bleiben und ihrem Vater und ihren Geschwistern nie wieder unter die Augen treten. Sie konnte bereits all die Vorwürfe und herablassenden Kommentare hören. Wahrscheinlich hatten mittlerweile bereits alle davon erfahren.

Etwas später fragte sie ihre Oma, ob sie nun singen wollte.

Alina schüttelte nur den Kopf.

„Ja, das kann ich verstehen", sagte ihre Oma.

Alina atmete tief durch. Sie wollte nicht mit ihrer Familie konfrontiert werden, doch sie konnte es nicht ewig hinauszögern.

„Oma", sagte sie „Ich muss dann nach Hause. Aber… ich kann nicht mit dem Papa darüber reden. Er wird es sicher nicht verstehen."

„Ja, aber dein Papa hat das zu verstehen!", rief ihre Oma.

„Oma, mein Papa versteht gar nichts. Er wird mir bloß Vorwürfe machen", meinte Alina.

„Aber er hat kein Recht, dir Vorwürfe zu machen!"

„Oma, kannst du es ihm erklären? Weil mir hört er sowieso nie zu?", bat Alina.

„Natürlich", sagte ihre Oma. „Dann bring ich dich jetzt nach Hause und rede mit deinem Papa."

Alina verließ das Haus, um in die Garage zu gehen. Auf dem Weg sagte sie: „Die sind wahrscheinlich gerade mit dem Hund weg. Aber sie sollten bald zurück sein."

Sie stiegen ins Auto. „Das Fahrrad holst du dir später ab, oder?", fragte ihre Oma.

„Ja, irgendwann", sagte Alina.

„Naja, ihr besucht uns doch eh morgen", meinte ihre Oma.

„Ah… ja stimmt."

Als sie ankamen, ging Alina durch den Hintereingang hinein. Es schien, als wären ihre Eltern tatsächlich weg. Doch ihre Geschwister waren hier. So ging Alina in ihr Zimmer und verschloss die Tür.

Panik kroch in ihr hoch. Die Angst, mit irgendjemandem darüber reden zu müssen, beherrschte sie in diesem Moment vollkommen. Dasselbe Gefühl der Anspannung, das sie die ganze letzte Woche geplagt hatte, überkam sie mit voller Wucht. Alina konnte nicht still sitzen. Sie war gezwungen, im Raum hin und her zu gehen.

Irgendwann hörte sie, wie ihre Eltern mit dem Hund zurückkamen. Sie konnte ein Stimmengewirr hören, doch Worte verstand sie kaum. Irgendwann legte sich der Lärm. Das Geräusch der Eingangstür sagte ihr, dass die Leute wohl in den Garten gingen.

Alina überkam der Drang nachzuschauen. Vorsichtig schlich sie hinunter. Im Vorraum war niemand. So eilte sie in die Küche und spähte aus dem Fenster. Sie sah ihre Oma auf einem Sessel sitzend. Gegenüber von ihr waren ihre Eltern. Ihre Geschwister standen irgendwo im Hintergrund. Alinas Vater gestikulierte wild, wie er es immer tat, wenn er sich aufregte. Sie konnte es auch in seinem Gesicht sehen. Wahrscheinlich ließ er niemanden anderen zu Wort kommen.

Alina ging wieder in ihr Zimmer. Ihr Atem ging keuchend und unregelmäßig. Sie setzte sich aufs Bett. Eine gefühlte Ewigkeit verstrich.

Irgendwann klopfte jemand an die Tür. Alina zuckte zusammen.

„Alina." Es war ihr Vater. „Kannst du runterkommen. Wir müssen noch das Gruppenfoto für Raffaels Geburtstag machen."

Sie konnte hören, wie er die Treppe hinunterging.

Nanu, er überhäufte sie nicht mit Vorwürfen. Vielleicht versuchte er doch einmal Rücksicht auf ihre Gefühle zu nehmen? Das wäre wohl ganz was Neues! Wahrscheinlich lag es daran, dass ihre Oma mit ihm geredet hatte. Personen, die er als erwachsen anerkannte, konnte er wohl doch zuhören.

Alina sperrte die Tür auf und ging in einigem Abstand zu ihrem Vater hinunter. Im Garten war bereits der Rest der Familie versammelt. Ingmar hielt einen Fotoapparat.

„Stellt euch jetzt alle richtig hin, ich schalte auf Selbstauslöser", sagte er.

 Alina stellte sich einfach zwischen Gerhard und Emma, hinter das Plakat, auf dem ihre Glückwünsche standen, das sie alle gemeinsam hochhielten.

„Steht ihr jetzt alle richtig?", fragte Ingmar noch einmal nach. Er schaute auf den Bildschirm seiner Kamera. „Ok, passt, ihr seid alle oben." Dann drückte er auf einen Knopf und rannte zu ihnen. Einen Moment später wurde ein Foto geschossen. Ingmar sah es sich an. „Ok, sollte gehen, ich mach` vorsichtshalber noch eines."

Als sie fertig waren, ging Alina wieder nach oben. Da die anderen noch im Garten waren, ging sie in die Küche. Sie trank ein Glas Orangensaft, nur, um sich abzulenken.

Später kam Emma zu ihr. „Es gibt ein paar einfache Tricks, wie man jemandem ein schlechtes Gewissen macht, nur weil er ein relativ normales Leben hat. Wenn man noch nicht lange in Wien ist, unterschätzt man, wie aufdringliche Leute es dort gibt. Ich hab mich, nachdem mich so ein Spendensammler von irgendeiner Organisation angeredet hat, auch einmal in einem Klo eingesperrt und bin dort zusammengebrochen."

Alina nickte nur. Sie war überrascht über das Verständnis, das man ihr plötzlich entgegenbrachte. Niemand verurteilte sie. Doch auch niemand würde verstehen, was das hier für sie wirklich bedeutete; dass diese 3000 Euro nicht bloß Geld, sondern ein jahrelanger Traum waren! Dennoch erfüllten sie die Reaktionen ihrer Umgebung mit einer unbekannten Wärme, ob es nun ihre älteren Geschwister waren, die ihr erzählten, wo sie sich bereits ausnutzen hatten lassen, oder ihr kleiner Bruder, der lautstark über die Frau schimpfte. Auch wenn niemand hier je verstehen würde, was Alina wirklich verloren hatte, war sie in dem Moment nicht mehr völlig allein.

Sie wusste später nicht mehr genau, was alles gesagt worden war. Doch an etwas erinnerte sie sich, das sie tief verletzte. Ihr Vater versuchte alles mal wieder in seiner typischen pseudopraktischen Weise zu sehen: „Du hast dadurch drei Dinge über dich gelernt", sagte er. „Erstens, du hast ein extrem großes Herz. Zweitens, du bist fürchterlich naiv und drittens, du kannst nicht mit Geld umgehen. Und aus allem davon kannst du lernen."

Die Worte trafen sie wie ein Schlag. Sie hätte nie alles aufgegeben, wenn sie nicht mehrfach emotional unter Druck gesetzt worden wäre! Es war nicht so, dass ihr nie der Gedanke gekommen wäre, dass die Frau lügen konnte! Doch ihr Gewissen hatte ihr ab einem bestimmten Punkt nicht mehr erlaubt, diesen Gedanken zu formulieren! Wie stellte er es sich vor? Dachte er ernsthaft, dass Alina nie an den Worten der Frau gezweifelt hatte? Oder dass sie solches Mitleid gehabt hatte, dass sie freiwillig für eine Wildfremde alles aufgab, was ihrem Leben je einen Sinn gegeben hatte? Es hatte weder mit einem großen Herz noch mit Naivität zu tun, wenn man systematisch dazu gebracht wurde, sich selbst zu hassen, einfach weil man lebte! Alina war zu schwach gewesen, um sich zu wehren, das war der einzige Grund. Doch das war es, wie sie fortan gesehen werden würde: als naives Kind, das jedem Menschen jede Geschichte abkaufte! Alina wollte schreien, doch sie konnte nicht! Es war derselbe stumme Schrei, der schon ihr Leben lang kein Gehör fand.

Alina zog sich in ihr Zimmer zurück. Endlose Scham überkam sie, als sie in ihrem Kopf alles Revue passieren ließ. Sie erinnerte sich, dass sie das Bedürfnis gehabt hatte, die Frau in vollster Lautstärke anzuschreien. Wenn sie bloß all das, was ihr durch den Kopf gegangen war, ausgesprochen hätte! Vielleicht wären sogar Leute auf sie aufmerksam geworden! Vielleicht hätte es die Frau ja in Schwierigkeiten gebracht! Vielleicht, wenn Alina rechtzeitig den Schlussstrich gezogen hätte, hätte sie nicht alles verloren. Sie hatte doch so schnell gespürt, dass sie immer tiefer hineingezogen worden war, dass sie immer mehr die Kontrolle verloren hatte. Doch sie hatte es nicht wahrhaben wollen. Die Wahrheit war: Als Alina erst gemerkt hatte, wie tief sie hineingerutscht war, war es längst zu spät gewesen. Schließlich hatte sie sich immer, wenn sie der Frau etwas gegeben hatte, einreden können, dass sie sie danach nicht weiter bedrängen würde. Doch die Frau hätte nicht aufgehört, bevor sie nicht jeden Cent aus Alina herausgepresst, bevor sie nicht den letzten Rest inneren Widerstandes gebrochen hätte.

All die Erniedrigung, die Alina empfand, war unerträglich. Sie war zu einer Marionette gemacht worden, jeglicher

Handlungsfähigkeit beraubt, einzig durch die Hand dieser Frau gesteuert.

Hass kochte in Alina hoch. Sie spürte den Drang, die Frau zu vernichten. Vor ihrem inneren Auge sah sie die plumpe Gestalt dieser erbärmlichen Kreatur. Ihr rundes Gesicht, das eine freundliche und bodenständige Person suggerierte, erschien vor ihr. Alinas Wut kannte keine Grenzen mehr. Sie schlug der Frau mitten ins Gesicht. Diese stolperte ein paar Schritte zurück. Blut tropfte aus ihrer Nase. Der Schmerz in ihren Augen erfüllte Alina mit Genugtuung. Sie packte die Haare der Frau und riss ihren Kopf zur Seite. Die Frau schrie. „Na, was jetzt!", rief Alina. „Hättest wohl nicht gedacht, dass ich mich wehre!" Alina riss die Frau zu Boden und trat ihr mit aller Kraft in den Bauch. Die Kreatur krümmte sich vor Schmerz. Doch Alina hörte nicht auf. Die Wut trieb sie voran, ließ sie immer weiter auf die Frau einschlagen. Alina rammte ihr das Knie hinein. Sie begann zu würgen, doch Alina hörte nicht auf. Sie schlug erneut in ihr Gesicht. Blut strömte aus der Nase der Bestie, lief seitlich über ihr Gesicht und tropfte zu Boden. „Na, wie fühlt sich das an?!?", schrie sie und schlug der Frau ins Gesicht. „Fühlt man sich da wie ein Mensch? Oder wie etwas, mit dem man einfach alles machen kann!?!"

Alina löste sich von ihr. Ihr Gesicht war blutverschmiert. „Ups!", rief Alina. „Du gehst besser mal zum Arzt. Aber stimmt, das kannst du dir ja nicht leisten! Genauso, wie du dir, nachdem ich dir über 1000 Euro gegeben habe, noch kein U-Bahnticket leisten konntest!" Mit aller Kraft rammte sie der Frau den Fuß in den Bauch. Die Frau begann erneut zu würgen.

Alina atmete schwer. Sie hatte die Zähne so fest zusammengebissen, dass es wehtat. Die Vorstellung war so lebendig gewesen. Der Hass war so stark, dass er die Grenzen der Realität überschritten hatte. Doch nun fand sie sich jäh in ihrem Zimmer wieder. Sie konnte sich nicht an der Frau rächen! Mehr denn je wurde sie sich ihrer Ohnmacht bewusst. Es lag allein an der Frau, ob sie sie noch einmal sah. Alina konnte nichts tun. Und selbst wenn sie die Frau je wieder treffen würde, indem sie ihr geben würde, was sie verdiente, würde sie sich selbst strafbar machen. All die Hilflosigkeit zerfraß Alinas Inneres. Ihr Atem ging keuchend und stoßweise. Erneut rissen ihre Finger scheinbar ohne ihr Zutun die oberste Schreibtischlade auf und holten ihr Taschenmesser heraus. Wieder schnitt sie in ihre Haut. Das Blut, das erneut ihren Knöchel hinabrann, gab ihr das Gefühl, wenigstens über irgendetwas die Kontrolle zu haben.

Sie wusste nicht, wie lange sie einfach hier saß und von ihren eigenen Gedanken aufgefressen wurde. In ihrem Kopf wiederholte sich alles wieder und wieder. Alina versuchte Klarheit zu gewinnen, doch sie konnte keine Ordnung in den Wust aus Scham, Hass und Leid bringen. Sie schloss die Augen.

Andi kam ihr in den Sinn. Panik überflutete Alina. Was würde er ihr bloß geantwortet haben? Waren es Worte der Verachtung? Waren es Vorwürfe, wie sie nach allem, was er für sie getan hatte, einfach alles wegwerfen konnte?

Sie konnte nicht es länger aushalten. Ihr ganzer Körper war so angespannt, dass sie es nicht mehr ertrug. So drehte sie den Computer auf. Sie musste es jetzt hinter sich bringen! Sie musste sehen, was er ihr geschrieben hatte und vielleicht endgültig zugrunde gehen. Mit zitternden Fingern loggte sie sich in Facebook ein und kontrollierte ihre privaten Nachrichten.

Sie fand ganz oben eine von Andi: *„Alina, wir werden unseren Plan ändern müssen. Es wird sich wahrscheinlich höchstens noch ein professionelles Video ausgehen und das müssten wir recht einfach halten. Wir müssen uns also jetzt genau überlegen, was wir machen wollen. Ich bin mir auch nicht sicher, ob nicht vielleicht sogar eine andere Vorgehensweise besser wäre. Können wir uns am Wochenende treffen?"*

Alina las die Nachricht einmal, zweimal... hundertmal. Alles hätte sie erwartet, nur das nicht. Andi wollte ihr weiterhin helfen. Er warf ihr nichts vor! Er hatte sie nicht aufgegeben, wie sie sich selbst aufgegeben hatte. Unwillkürlich spürte sie Tränen in ihren Augen. Alina hielt sie nicht zurück. Sie wusste, dass sie nicht allein war, dass es auf dieser Welt jemanden gab, der sie verstand.

Sie schloss die Augen. Fieberhaft suchte sie nach Worten. Sie atmete tief und begann eine Antwort zu verfassen: *„Danke, dass du mir immer noch helfen willst. Wir können uns am Wochenende treffen. Morgen bin ich bei meiner Oma und hätte daher erst am Abend Zeit. Aber Sonntag habe ich den ganzen Tag Zeit."* Sie las noch einmal drüber und schickte die Nachricht ab.

Nach Kurzem kam auch schon die Antwort. *„Ok, wie wär`s dann mit Sonntagnachmittag. Ich hab mich gestern bereits mit Helena verabredet, deswegen wird es eher erst so um vier gehen."*

Alina schrieb: *„Ja, kein Problem. Ich werde dann einfach kurz nach vier mit dem Fahrrad vorbeikommen."*

Kurz wartete sie. Dann kam auch schon die Antwort: *„Gut, dann bis morgen."*

Alina schloss die Augen. Eine einsame Träne rann ihre Wange hinunter. Wie hatte sie bloß denken können, Andi verloren zu haben? In dem Moment wusste sie, dass er nicht bloß ihren Traum verstand, sondern sie als Ganzes.

Ihre Hände zitterten, als sie begann, eine Antwort zu schreiben. Nach zwei Zeilen löschte sie sie wieder und versuchte etwas anderes. Doch auch damit war sie nicht zufrieden. Schließlich schrieb sie: *„Danke Andi, dass du mir immer noch helfen willst. Nach allem, was du bereits für mich getan hast, weiß ich, wie das hier für dich aussehen muss. Mir ist klar, dass du mich für extrem undankbar halten musst. Ich werde dir nie sagen können, was mir das bedeutet. Ich hoffe, ich kann irgendwann einen kleinen Teil dessen, was du für mich getan hast, an dich zurückgeben."* Sie schickte die Nachricht ab.

„Alina, wir alle machen Fehler. Ich habe mich auch schon von anderen dazu bringen lassen, Dinge zu tun, die ich nicht wollte." Noch während sie die Nachricht las, kam bereits eine weitere: *„Ich helfe dir aus einem einzigen Grund: weil ich Potential in dir sehe. Um unserer Freundschaft Willen würde ich es nicht tun. Denn wenn du nicht das nötige Potential hättest, würde ich damit weder mir noch dir einen Gefallen tun."*

Alina schloss die Augen. Eigentlich war die Antwort ja nicht überraschend. Es passte zu allem, was er je gesagt hatte. Dennoch bestärkte sie diese erneute Bestätigung, dass er an sie glaubte. Wenn Alina keine reale Chance hätte, dann wäre es für sie beide bloße Zeitverschwendung.

„Ich hatte immer wieder Zweifel, ob mein Potential ausreicht. Ich weiß, dass ich gut singen kann. Aber ich muss ja auch die Leute

von mir und meinen Werken überzeugen! In der Schule haben die, die nichts gegen mich hatten, mich meistens ignoriert. Anscheinend interessieren sich die meisten Menschen nicht für mich", schrieb sie.

„Du meinst, weil du nicht bei jeder Party dabei warst, könntest du die Menschen nicht von dir überzeugen? Alina, du hast mehr Ausstrahlung, als du denken magst. Du bist anders als die anderen. Und auch wenn das oft als Makel dargestellt wird, genau das ist es, was alle interessanten Menschen grundlegend definiert."

Alina atmete schwer. Sie würde Andi nie sagen können, was alles, was er je gesagt und getan hatte, für sie bedeutete. Ihr fielen keine Worte mehr ein. Also schrieb sie bloß: *„Danke. Wir sehen uns dann am Sonntag."*

Dann drehte sie den Computer ab und starrte erneut aus dem Fenster. Andis Worte hatten sie mit einer seltsamen Wärme erfüllt. Doch nach und nach setzte sich wieder der Schmerz durch; die Scham darüber, sich derart schamlos ausnutzen gelassen zu haben. Sie hatte so viele Chancen und Möglichkeiten verloren, doch Andis Worte hatten sie überzeugt, nicht aufzugeben, egal, was geschah. Sie würde sich jetzt nicht geschlagen geben, nicht von dieser erbärmlichen Kreatur.

Was, wenn sie das Geschehene sogar nutzen konnte; wenn genau das das Thema ihres nächsten Songs wäre? Sie hatte immer „Long Way" als ihren Debutsong geplant, doch was, wenn sich aus all dem Schmerz eine Chance ergab? Auf einmal stürzten hunderte Ideen auf sie nieder. Alina begann im Raum auf und ab zu gehen. Sie spürte neue Hoffnung; Hoffnung, dass sie vielleicht nicht alles verloren hatte.

Doch der Schmerz blieb; kam immer wieder zu ihr zurück. Etwas hatte ihr Herz eiskalt umklammert. Alina wusste nicht, ob sie sich je wieder normal fühlen würde, ob sie Fremden je wieder vertrauen könnte, ob sie sich selbst je wieder ansehen könnte. Es war, als wäre etwas aus ihr herausgerissen worden: das Vertrauen in sich selbst und die Welt.

Sie verließ erst am Abend wieder ihr Zimmer. An diesem Abend gab es nur ein Gesprächsthema: die Betrügerin. „Mir ist, wie ich davon erfahren hab`, schlecht geworden", verriet Emma.

„Man hat da irgendwie so ein komisches Gefühl in der Brust", ergänzte Ingmar.

Alina erzählte im Detail, mit welchen Tricks die Frau ihre Gefühle bewusst manipuliert und sie so zu ihrer Marionette gemacht hatte. „Mit diesem Gerede von `Jesus hat gewollt, dass wir uns treffen`, hat sie auch bei Atheisten Erfolg, weil es auch, wenn man selber nicht daran glaubt, viel schwieriger ist, jemanden, der so fest von etwas überzeugt zu sein scheint, einfach kalt abblitzen zu lassen. Schließlich lässt man ihn dann ja nicht bloß im Stich, sondern erschüttert ihn in seinem grundlegenden Glauben. Außerdem ist es für sie einfacher, sich völlig irrational zu verhalten und damit davonzukommen", sagte sie. Dann fügte sie noch hinzu: „Auch, wenn ich nicht glaube, dass Jesus mehr als ein einfacher Mensch war, finde ich es schon sehr `tief`, jemanden, der seit 2000 Jahren tot ist, als Rechtfertigung für ein Verbrechen zu missbrauchen."

„Die Frau ist moralisch verkommen, weil sie ein rein egoistischer Mensch ist", meinte Emma.

„Ich hoffe, dass der Nächste, den sie bedrängt, die Beherrschung verliert und sie niederstößt. Oder vielleicht gleich umbringt. Ohne die ist die Welt ein besserer Ort!", rief Alina.

„Ja, das stimmt", pflichtete ihr Emma bei.

„Ja, aber sie soll nicht zu schnell daran sterben", ergänzte Ingmar.

„Ich kann kein Mitleid mehr mit ihr haben, egal, was ihr passiert", stellte Alina fest. „Sie könnte vom Hals ab querschnittsgelähmt sein und die ganze Zeit über Schmerzen haben. Es wäre mir egal. Ich würde es ihr sogar gönnen!"

„Ja, das hätte sie auch verdient", ergänzte Gerhard.

„Ja, von mir aus soll ihr alles Schlimme auf der Welt passieren", wetterte Alina. „Sie soll überfahren werden und sich dabei alle Knochen brechen. Und die Windschutzscheibe soll ihr Gesicht zerschneiden. Dann würde sie eigentlich auch besser aussehen."

Die anderen lachten.

„Verdammt, ich weiß nicht, wann ich mich das letzte Mal auf ein so niedriges Niveau begeben habe!", meinte Alina.

„Das ist kein niedriges Niveau, das ist gerechtfertigt", sagte Emma.

„Ich wünsche zum ersten Mal in meinem Leben jemandem von ganzem Herzen etwas Schlechtes und ich schäme mich nicht einmal dafür", fuhr Alina fort.

„Ja, und in diesem Fall ist das auch gut so", sagte Emma.

„Ich gehe am Montag zur Polizei", erklärte Alina „Ich hoffe, sie wird erwischt und bekommt die Höchststrafe. Dann ist sie vielleicht wenigstens eine Zeit lang weg."

„Ja, wenn sie wirklich keine Papiere hat, ist sie von hier vielleicht wirklich weg. Sie gehört ins Gefängnis, aber nicht hier, sondern im Kosovo", meinte Emma.

„Nein!", erwiderte Alina, „Sie gehört eher in ein Gefängnis in Saudi Arabien!"

Die anderen lachten erneut, doch Alina machte keine Witze. In diesem Moment wollte Alina der Frau wirklich alles Schlechte dieser Welt wünschen, ohne sich ihrer Gedanken zu schämen. Es war befreiend, all das laut auszusprechen.

Sie blieben noch lange wach, doch irgendwann gingen die anderen schlafen. Alina legte sich ins Bett und starrte in die Dunkelheit. Nun, da sie alleine war, kehrten die beklemmenden Gefühle zurück. Nun, da sie ihre Gedanken nicht mehr aussprach, erstickten sie sie erneut. Sie versuchte, sich in Träume zu flüchten, doch die Realität war zu erdrückend, um sie noch länger von sich abschütteln zu können. Würde Alina sie je wieder wie früher für Momente hinter sich lassen können? Würde ihre Phantasie sie je wieder für den Augenblick erlösen? Alina drehte sich im Bett hin und her, doch jede Position schien ihr unangenehm. Sie konnte einfach nicht still liegen bleiben. Als sie aufstand, um aufs Klo zu gehen, sah sie, dass es schon lang nach drei Uhr früh war. Sie musste es schaffen einzuschlafen, doch sobald sie alleine war und nichts tun konnte, war sie ihren Emotionen hilflos ausgesetzt.

Ihr Abbild im Badezimmerspiegel zeigte deutlich, was sie in der letzten Woche durchgemacht hatte. Sie hatte sichtbar abgenommen, ihr Gesicht war bleich und unter ihren Augen hatten sich dunkle Ringe gebildet. Jeder konnte sehen, dass sie seit Tagen kaum geschlafen hatte.

Alina legte sich wieder ins Bett. Sie schloss die Augen und versuchte zu vergessen, was geschehen war, zu vergessen, was sie fühlte, zu vergessen, dass sie existierte.

Irgendwann musste die Müdigkeit über all den Schmerz gesiegt haben, denn sie fand sich in ihrem Bett wieder, als es gerade begann, hell zu werden. Erneut überwältigte sie die Scham. Alina wollte nicht aufstehen, wollte niemandem unter die Augen treten. So starrte sie in Richtung Fenster. Der Raum um sie herum nahm Gestalt an.

Irgendwann konnte sie das Nichtstun nicht länger ertragen und stand auf. Bevor sie noch etwas gegessen hatte, drehte sie den Computer auf und loggte sich in Facebook ein. Sie las ihre gesamte Konversation mit Andi von Anfang an. Er war wohl der einzige Mensch, der ihr je wirklich Halt gegeben hatte. Er hatte ihre vagen Träume erst zu einem ernsthaften Ziel gemacht und er hatte sie verstanden.

Den Vormittag über sprach Alina kaum mit ihrer Familie. Die meiste Zeit über ging sie ihr aus dem Weg. Sie wollte mit all ihrem Kummer nicht alleine sein, doch von anderen wahrgenommen werden wollte sie auch nicht. Das Mittagessen war für sie nach ein paar Bissen beendet. Sie konnte einfach nichts mehr hinunterbringen.

Als sie sich wieder zurückzog, kam erneut eine Woge der Emotion über sie. Sie schaute auf ihr Handy, das sie den ganzen letzten Tag in ihrer Tasche liegengelassen hatte. In der Zeit war sie zweimal ohne Nummer angerufen worden. Was wollte die Frau jetzt denn von ihr? Sie weiter zu manipulieren versuchen? Erst spürte sie nur Hass. Doch dann dachte Alina praktisch. Es war gut, wenn die Frau sie anrief. Alina wollte sie wieder sehen! Die Frau sollte bezahlen und sie sollte niemanden mehr so ausnutzen!

Alina hatte erst, während sie zu ihrer Oma fuhren, wieder engen Kontakt zu ihrer Familie. Auf der Rückbank des Wagens ihres Vaters konnte sie sich ihnen nicht länger entziehen. Sie erwähnte, dass sie am Montag zur Polizei gehen würde. Leider sagte sie auch, dass sie es gleich am Vormittag während der Vorlesung machen wollte.

„Moment!", rief ihr Vater „Du kannst nicht deswegen eine Vorlesung verpassen! Die Uni geht vor!"

Alina seufzte. Es war ja so klar. Die Uni ging vor! Dass sie sich im Moment sowieso nicht auf irgendeine Vorlesung konzentrieren könnte, war doch egal. Was zählte schon ihr Wunsch nach Gerechtigkeit, nach Klarheit?!? Was zählte schon ihre Würde, wenn sie dafür einmal eine Vorlesung verpassen musste!?!

„Hallo! Es gibt Leute, die so gut wie nie zu einer Vorlesung gehen und trotzdem die Prüfungen schaffen! Ich hab am Montag nach der Wissenschaftsgeschichte noch eine Vorlesung, OK! Ich kann nur dann zur Polizei gehen, wenn die Polizeistation offen hat!", rief Alina.

„Ja, aber so wichtig ist das nicht!", schnaubte ihr Vater. „Schau, das liegt in der Vergangenheit, daran kannst du nichts mehr ändern! Du musst dich jetzt auf die Zukunft konzentrieren!"

Alina versuchte gar nicht, es ihrem Vater zu erklären. Zumal man für ihn geisteskrank war, sobald einen etwas belastete, das länger als einen Tag her war, sagte sie ihm nicht, dass sie das hier nicht vergessen würde. Er sah schließlich nur den materiellen Schaden und 3000 Euro waren schließlich nicht die Welt und wiederbekommen würde sie sie sowieso nicht! Die Frau vor Gericht zu bringen würde ihr nach seinen Kriterien auch nicht helfen, ja sie gar von ihrem Studium ablenken! Also sagte sie ihm nicht, dass sie die Frau anzeigen musste; um der Ruhe ihres Herzens Willen!

Stattdessen versuchte sie, ihn mit seinen eigenen Waffen zu schlagen: „Du sagst immer, ich bin zu unselbstständig und soll erwachsen werden! Und dann lässt du mich nicht einmal eine simple Entscheidung selber treffen! Mit Erwachsen-Werden meinst du wohl, dass ich genauso leben und denken soll wie du!"

„Nein, aber verstehst du nicht, das bringt dir nichts! Dein Studium ist um Himmels Willen wichtiger! Es bringt nichts, Rache üben zu wollen! Das ist vorbei und du kannst nur für die Zukunft davon lernen", rief ihr Vater.

Alina stöhnte. Wie immer war es völlig unmöglich, mit ihm zu reden! Wie immer stieß sie auf taube Ohren!

„Bitte, lass sie jetzt!", fuhr ihre Mutter dazwischen, als Ihr Vater noch etwas sagen wollte.

Er grummelte, gab dann aber Ruhe.

Auch bei ihrer Oma zog sich Alina zurück. Sie konnte aus dem Nebenzimmer hören, wie über sie diskutiert wurde. Wie immer redete die meiste Zeit über ihr Vater. Alle vernünftigen Argumente prallten sauber von ihm ab. Es war schon abartig, wie leicht er über andere Menschen urteilen konnte, ohne ihnen jemals zugehört zu haben! Alles, was Alina je gewollt hatte, war, dass er mit ihr redete und nicht bloß über sie.

Alina versuchte es nicht länger zu hören, doch immer wieder drangen Wortfetzen zu ihr durch. „Warum bleibt denn eigentlich jetzt alles bei mir hängen!?!", rief ihr Vater.

„Schau, die Alina muss einfach wieder zu sich selber finden", sagte ihre Oma ruhig.

„Aber es bringt ihr nichts mehr, sich damit zu beschäftigen! Das ist jetzt vorbei!", erwiderte ihr Vater.

„Bitte, das geht so einfach nicht", meinte ihre Oma. „Ich wurde, als ich jung war, von meiner Vermieterin erpresst. Du, so was vergisst man sein Leben lang nicht."

Ihre Oma begann ihre Geschichte zu erzählen.

Plötzlich rief ihr Vater Alinas Namen. Sie seufzte und ging zu den anderen.

„Hast du das gehört, die Oma wurde auch einmal erpresst", sagte ihr Vater.

„Ja, ich weiß", antwortete Alina.

Sie wollte gehen, doch ihr Vater schien noch etwas zu sagen zu haben. „Eine ehemalige Studienkollegin hat auf die gleiche Weise all ihr Geld verloren, nur dass sie den ganzen Sommer dafür gearbeitet hat und das Geld gebraucht hat, um sich ihr Studium zu finanzieren. Das ist erst wirklich schlimm! Bei dir ist es vielleicht blöd, aber im Grunde egal, weil du das Geld nicht für etwas Konkretes brauchst."

Alina drehte sich um und ging. War doch egal, dass sie schamlos ausgenutzt worden war, dass sie sich nicht länger wie ein Mensch fühlte, dass sie nicht wusste, ob sie je wieder jemandem dort draußen vertrauen konnte… alles nicht so wichtig, schließlich hatte sie das Geld ja eh nicht gebraucht! Natürlich war ihr Traum, der sie die letzten Jahre am Leben gehalten hatte, auch egal! Erneut wollte sie weg, einfach alleine sein, von der Welt nichts mehr mitbekommen.

Etwas später kam auch noch ihre Cousine Regina. Auch wenn Alina sonst gerne ihre Verwandten sah, wollte sie jetzt einfach nur allein sein.

„Hallo!", rief Regina.

Alina schüttelte ihr die Hand.

„Und wie geht es dir?", wollte Regina wissen.

„Im Moment nicht so gut", antwortete Alinas Mutter für sie.

„Ach.. ja?", sagte Regina. Ihr Gesichtsausdruck zeigte, dass sie bereits alles wusste. Natürlich hatte Alina Recht gehabt, dass bald die ganze Großfamilie davon erfahren würde.

Auch Regina versuchte Alina zu beruhigen: „Sieh`s einfach so: Viele Menschen werfen ihr Geld für unnötige Sachen raus. Manche geben ihr ganzes Geld für Zigaretten aus, oder sie verlieren es bei Glücksspielen."

Das konnte ja sein, aber das half Alina nicht. Die Leute sahen alle nur das Geld, nicht den Traum, den sie mit diesem lange ersparten Geld verfolgt hatten. Sie wussten nichts von dem, was Alina durchgemacht hatte.

Also sagte sie nur: „Ja, diese Leute hauen es vielleicht für Sinnloses raus, aber nicht für etwas Schlechtes. Sie unterstützen damit keine Kriminellen."

„Hm, ja, das stimmt", murmelte Regina.

In dem Moment kam auch ihr Cousin, Alfred. Er begrüßte alle. Natürlich hatte auch er schon davon gehört. Er fragte Alina, was eigentlich genau passiert war. So erzählte sie ihm genau, wie die Frau sie mehrfach psychisch unter Druck gesetzt hatte, wie sie immer mehr und mehr gefordert hatte und wie sie Alina vollends unter ihre Kontrolle gebracht hatte. „Ich habe mich gefühlt, als wäre ich Abschaum, weil ich ein eigenes Leben habe", erzählte sie wieder. Alina berichtete über all die Tricks, die die Frau angewandt hatte. „Ich frage mich jetzt nur noch: Bin ich eigentlich ein Mensch, oder bin ich ein Geldautomat?", schloss sie.

„Naja, ich hätte dich ja immer schon für einen Menschen gehalten, aber vielleicht irr` ich mich auch", meinte Alfred. Doch dann wurde er wieder ernst: „Nein, man glaubt wirklich nicht, was für Leute es auf dieser Welt gibt. Ich bin da ja auch nicht hart genug. Ich wollte mal ins Geschäft gehen, da hat mich irgendein Typ angeredet und wollte mir etwas verkaufen. Ich hatte kein Interesse daran, da wollte er eine Spende von mir. Ich habe nein gesagt, da hat er mit dem Finger auf mich gezeigt und gesagt: „Du bist kein guter Mensch". Ich bin dann einfach weitergegangen. Aber die alte Frau, die hinter mir gegangen ist, hat ihn dann in vollster Lautstärke angeschrien, was er sich eigentlich erlaube."

„Ja", meinte Regina. „Man glaubt wirklich nicht, wie viele solcher Betrüger es gibt. Ich war mal beim Bahnhof und ich war beruflich schon länger von zu Hause weg. Da hat mich ein so richtig verwahrlost aussehender Mann angesprochen, er hat so Heimweh und er sitzt hier fest, weil er kein Geld hat, ob ich ihm nicht das Ticket bezahlen könne.

Er hat damit bei mir einen wunden Nerv getroffen, weil ich selber solches Heimweh hatte. Und ich war sogar so blöd, ihm nicht das Ticket zu kaufen, sondern ihm gleich das Geld so zu geben. Wie ich weggegangen bin, hatte ich noch ein gutes Gefühl, weil ich jemandem geholfen habe, wenn schon ich nicht nach Hause kann.

Und am nächsten Tag geh ich wieder dort vorbei und sehe, wie er mit einer alten Frau genau dasselbe macht. Da denk ich mir nur: Was du Orschloch!"

„Das Schlimmste ist ja, dass diese Leute daran schuld sind, dass die Menschen, die wirklich Hilfe brauchen, keine bekommen", sagte Alina.

„Ja", antwortete Regina.

Alina fuhr fort: „Ich hab mich in meinem ersten Semester mal in Wien verirrt und ich wollte wirklich nur nach dem Weg fragen. Aber kein einziger hat es für nötig gehalten stehenzubleiben. Und ich habe mich wirklich gefragt, ob es eigentlich zu viel verlangt ist, jemandem den Weg zu weisen! Aber jetzt weiß ich, warum die Menschen möglichst schnell weitergehen, wenn sie jemand auf der Straße anredet."

Fast noch überraschender, als dass ihre Geschwister sie nicht verurteilten, war es mit dem Rest ihrer Familie. In dem

Moment spürte Alina nicht länger das Bedürfnis, sich vor allen Menschen zurückzuziehen.

Sie erzählte auch von dem Augustinverkäufer, der ihr geholfen hatte, ohne darum gebeten worden zu sein und damit ihr Herz auf so seltsame Weise erwärmt hatte. Alina wollte sich bedanken. Doch sie würde ihm nie sagen können, was er wirklich für sie getan hatte.

Zu Hause setzten sie die Diskussion fort. Sie wusste später nicht mehr, was sie mit ihren Geschwistern gesprochen hatte. Doch da es um diese Jahreszeit sehr warm war, saßen sie die ganze Nacht im Garten.

Sie wusste nicht, wie spät es war, als sie schlafen ging. Wieder kehrten sofort, da sie alleine war, all die beklemmenden Gefühle zurück. All das, was sie in den Gesprächen verdrängt hatte, prasselte auf sie nieder.

Doch mehr noch machte sich ein seltsames Gefühl in ihr breit. Ihr Körper fühlte sich fremd an. Die Konturen ihres Zimmers begannen zu flimmern. Es ist nur der Schlafentzug, sagte sie sich. Doch tief in ihr reifte die Angst, sie könnte verrückt werden. Was, wenn sie schizophren wurde? Sie hatte doch einen schizophrenen Cousin! Es lag also in der Familie. Konnte die Krankheit nicht durch extreme Stresssituationen ausgelöst werden? Blödsinn! Sie hatte seit einer Woche kaum geschlafen! Es war nur die Müdigkeit!

Ein plötzliches Geräusch ließ sie zusammenzucken. Es war bloß der Hund. Hermes hatte sich vor ihrer Zimmertür bewegt. Dennoch schlang sich die Furcht eiskalt um ihr Herz. Wie ein Kind verkroch sie sich unter der Decke.

Fremdartige Geräusche drangen von überall an sie heran. Sie konnten nicht real existieren! Woher kamen all diese Phantasien und wieso erwachten sie zum Leben? Verlor sie den Verstand? In ihrem Kopf entstand das Bild, wie sie ihr Studium abbrechen musste, weil sie in eine psychiatrische Anstalt eingewiesen wurde; wie sie nie wieder normal leben konnte.

Alina schloss die Augen. Damit musste sie das seltsame Flimmern nicht mehr sehen. Doch die Laute verschwanden nicht aus ihrem Kopf. Jedes reale Geräusch ließ sie zusammenzucken.

Wie viele Stunden sie von Ängsten gejagt in ihrem Bett lag, wusste sie nicht. Doch irgendwann musste sie dringend aufs Klo. Alina zögerte, aufzustehen. Als sie nicht mehr anders konnte, lief sie zum Lichtschalter und drehte das Licht auf. Ihr Zimmer lag nun hell erleuchtet vor ihr. Es sah aus, wie immer. Trotzdem wirkte es auf einmal bedrohlich, als könnte es sich jäh verändern. Alina verdrängte die Angst und öffnete die Tür. Normalerweise hatte sie kein Problem, sich im Dunkeln hinunterzutasten. Doch jetzt war sie gezwungen, alle Lichter aufzudrehen.

Als sie schließlich wieder nach oben ging, erschreckte sie das Knarren einer Tür. So schnell sie konnte, rannte sie zurück in ihr Zimmer und versteckte sich ganz unter der Decke. Sie versuchte bloß noch all ihre Angst zu verdrängen. Wie ein kleines Kind sagte sie sich ständig, dass das nicht real war, bis die Müdigkeit sie einholte.

Aus den Trümmern eines Traumes

Am nächsten Tag schien wieder alles normal. Es war wohl tatsächlich bloß die Müdigkeit gewesen. Dennoch ließ Alina die Angst, sie könne den Verstand verlieren, nicht ganz los. Doch sie konnte sie soweit verdrängen.

Alles, was sie an diesem Vormittag tat, war es, dem Treffen mit Andi entgegenzufiebern. In Gedanken ging sie all ihre Ideen nochmal durch. Sie setzte sich aufs Fahrrad und fuhr erneut durch das Dorf, während sie alles plante und sich dabei fragte, was Andi davon halten könnte. So konnte sie die Zeit einigermaßen erträglich verbringen.

Kurz vor vier Uhr, schrieb sie Andi eine SMS: *„Hallo, ich mach` mich dann auf den Weg, ok?"*

Die Antwort kam nur Augenblicke später: *„Ja, ich erwarte dich dann bald."*

Daraufhin setzte sie sich auf ihr Fahrrad und fuhr nach Hornstein. Nun kroch doch Nervosität in ihr hoch. Was dachte Andi wirklich über sie? Was, wenn er ihre Ideen für schlecht hielt? Doch am Ende überwog die Euphorie, die sie den ganzen Tag vorangetrieben hatte.

Schließlich stellte sie ihr Fahrrad ab. Sie atmete noch einmal tief durch, dann klingelte sie an der Tür. Es dauerte nicht lange, dann öffnete Andi. Nach einer flüchtigen Umarmung, fragte er sie, ob sie wieder zur Leitha fahren wollte.

So bestiegen sie erneut ihre Räder und fuhren weiter zur Leitha. Die beiden setzten sich ans Flussufer und beobachteten eine Zeit lange das Wasser.

„Entschuldigung, dass ich dich nicht früher treffen konnte", sagte Andi. „Ich habe mich schon vor Tagen mit Helena verabredet."

„Kein Problem", sagte Alina.

„Hast du heute schon irgendetwas gemacht?", fragte er weiter.

„Nein", murmelte Alina. „Ich habe heute nichts gemacht."

„Wir müssen uns auf jeden Fall genau überlegen, was konkret du jetzt machen willst", meinte Andi.

„Ich habe noch etwa 1080 Euro übrig", erklärte sie.

Andi überlegte: „Hm, ein einfaches Video würde sich damit vielleicht sogar ausgehen. Vielleicht ist es auch eine Überlegung wert, über Möglichkeiten zu Live-Auftritten nachzudenken. Etwas im kleineren Rahmen könnte ich dir vielleicht sogar verschaffen. Am besten nach deinen ganzen Prüfungen."

„Ich kann im Moment nicht lernen", murmelte Alina. „Ich weiß nicht, wie das weitergeht mit dem Studium."

„Du musst es schaffen, dich die letzten drei Wochen noch voll darauf zu konzentrieren. Sonst wird es nächstes Semester einfach zu viel", meinte Andi.

„Ja, ich weiß, genau das macht mir ja solche Angst! Dass ich mich einfach nicht darauf konzentrieren kann!", erwiderte sie.

„Du hast ja das meiste schon gelernt, oder?", fragte Andi.

„Ja, im Wesentlichen schon", meinte Alina. Kurz schwieg sie. Dann beschloss sie, ihm von ihren Ideen zu erzählen.

Zuerst berichtete sie ihm alles über die Tricks, die die Frau angewandt hatte, und wie sie sich gefühlt hatte. Sie erzählte ihm von allem, was sie jetzt durchmachte, von all der Scham, all dem Schmerz und der Angst.

Andi hörte die ganze Zeit schweigend zu.

Am Ende sagte sie, was sie plante: „Mein erster Gedanke war, einen Song über all das zu schreiben; darüber, schamlos ausgenutzt worden zu sein und sich wie Dreck zu fühlen. Später ist mir der Gedanke gekommen, ein Blog zu dem Thema Betrug zu schreiben, in dem ich meine Geschichte erzähle. So kann ich auf das Thema aufmerksam machen und dann den Song dazu herausbringen."

Andi überlegte kurz. „Ja, das ist sicher eine gute Idee. Du hast Recht, du kannst all das, was dir geschehen ist, nutzen, um daraus etwas Produktives zu machen. Am Ende bringt vielleicht genau das den Erfolg", meinte er.

„Meinst du wirklich?", wollte sie wissen.

„Es kann durchaus sein", sagte er. „Du könntest zuerst mit dem Thema auf dich aufmerksam machen. Ich habe Kontakt zu genügend Journalisten. Damit könnte ich dir ein bisschen helfen. Am Ende sind es aber die Menschen, die sich für dich interessieren müssen."

Alina nickte. Vielleicht hatte er Recht! Vielleicht konnte aus den Trümmern ihres Traumes etwas Neues entstehen. Erneut fühlte sie Euphorie in sich aufsteigen.

„Ich muss all die Erinnerungen aufschreiben, solange sie noch frisch sind", sagte Alina.

„Ja, das ist wichtig", bestätigte Andi. „Für den Blog und alles rundherum ist wichtig, dass du genau weißt, was geschehen ist. Für den Song ist es aber das Wichtigste, wie du dich fühlst."

„Dann werde ich zu Hause alles aufschreiben", sagte sie. Im selben Moment fragte sie sich, was es wohl für sie bedeuten würde, sich so intensiv mit alledem zu beschäftigen. Sie würde nichts verdrängen können, müsste sich aktiv mit allem auseinandersetzen und bewusst Erinnerungen wachrufen. Wäre sie dem gewachsen? Sie hatte keine Wahl, wenn sie sich selbst je akzeptieren wollte.

Alina dachte daran, wie sie all den Schmerz nutzen konnte, ihrem Ziel näher zu kommen. Wenn sie auf all die Tricks, mit denen diese Betrüger arbeiteten, aufmerksam machte, wären vielleicht andere Leute gewarnt und würden rechtzeitig den Schlussstrich ziehen.

„Fang erstmals an, alles aufzuschreiben. Jetzt noch ist es egal, wie du das machst. Später, wenn etwas Konkretes da ist, müssen wir uns überlegen, wie wir das alles in Form bringen."

„Ok", sagte Alina. „Wenn ich heute nach Hause komm`, werde ich einfach mal drauf los schreiben, was mir durch den Kopf geht und dann irgendwann schauen, was daraus wird."

Andi nickte. Er blickte eine Weile in die Ferne. „Schreib mir einfach, wenn du Zeit hast noch heute Abend, was dabei ungefähr herausgekommen ist", sagte er.

„Gut." Alina warf einen Stein ins Wasser.

Die beiden schwiegen eine Weile. Auch Andi begann Steine ins Wasser zu werfen. Doch seine hüpften mehrfach über Wasseroberfläche.

„Ich muss ganz neu anfangen", murmelte Alina.

„Du wirst mit dem Thema anfangen. Wenn du das hast, musst du erstmals damit Aufmerksamkeit bekommen. Es ist eine andere Strategie, das ist alles. Aber wenn sich genug Leute für dich interessieren, kann ich auch meine Produzentin auf dich aufmerksam machen. Und dann wirst du es wahrscheinlich in etwa so machen wie ich", meinte Andi.

„Wie ist es in der Position, in der du jetzt bist?", fragte Alina.

„Ich kann mich nicht beklagen. Ich bin natürlich noch lange kein Star, aber ich bekomme regelmäßig Aufträge und meine bisher veröffentlichten Alben verkaufen sich ganz akzeptabel. Natürlich habe ich keine Garantie, dass das ewig so bleibt. Aber ich arbeite daran", sagte er.

„Ist es sehr stressig?", fragte Alina weiter.

„Mal mehr, mal weniger", antwortete er. „Wenn ich auf Tour bin, ist es manchmal schon recht anstrengend. Aber es gibt auch immer Zeiten, wo ich eher wenig zu tun habe."

„Tja, solange ich noch studiere, wird das Touren etwas schwieriger. Bei allen Seminaren ist Anwesenheitspflicht und wenn man zu oft fehlt, wird man nicht beurteilt", sagte Alina.

„Ja, fürs Erste reicht es, wenn du lokal immer wieder Auftritte hast. Du bist ja schließlich nicht darauf angewiesen, dass du morgen davon leben kannst."

Alina nickte nur. Dann lächelte sie bitter. „Außerdem, wenn mein Studium darunter leiden würde, würde mich mein Vater sowieso umbringen."

„Ja, außer, wenn du bereits davon leben kannst", erwiderte Andi.

Alina lachte. Dann sagte sie: „Ich sollte vielleicht langsam nach Hause. Ich muss schließlich noch alles aufschreiben."

„Gut", sagte Andi und stand auf.

Die beiden bestiegen ihre Räder und fuhren zurück zu Andis Haus. Dort brachte er sein Fahrrad in die Einfahrt.

„Wir sehen uns dann vielleicht wieder nächste Woche", sagte Alina.

„Ja, je nachdem, wie viel du mit der Uni zu tun hast...." Andi sah sie lange an. „Schreib zuerst alles auf, was dir einfällt, ok?"

Alina nickte. „Ok, dann bis irgendwann", sagte sie. Mit diesen Worten stieg sie wieder auf ihr Fahrrad.

„Gut, bis zum nächsten Mal", sagte Andi.

Dann fuhr Alina weg. So schnell sie konnte, radelte sie den Weg nach Hause. Erneut ergriff eine Nervosität von ihr Besitz. Was würde sie schreiben? Was würde es für sie bedeuten, sich so intensiv damit zu beschäftigen? Alina wusste, dass diesen Blog zu schreiben sie all ihre Kraft kosten würde und doch musste sie es tun. Es wäre ihre einzige Möglichkeit, das alles nicht auf sich sitzen zu lassen - am Ende nicht als Verlierer dazustehen, wie sie es schon ihr Leben lang getan hatte. Vielleicht konnte sie so das Blatt noch wenden.

Vielleicht war das ihre große Chance, ihren Traum zu erfüllen.

Alina kam zu Hause an. Sie atmete schwer, doch nicht vor Anstrengung. Sie wollte unbedingt beginnen, doch eine namenlose Angst hielt sie zurück.

Nein! Es nützte ihr nichts, es aufzuschieben. Doch jetzt, wo all die Gefühle und Erinnerungen noch frisch waren, war der beste Zeitpunkt, sie niederzuschreiben. All der Schmerz brach erneut auf sie nieder, doch dieses Mal gab er ihr Kraft.

Sie rannte in ihr Zimmer. Mit zitternden Fingern nahm sie einen Zettel heraus. Lange starrte sie auf das weiße Blatt, bis sie zögernd zu schreiben begann: *„Meine Hände zittern und mein Atem ist unregelmäßig, während ich das niederschreibe, während ich versuche, alle Erinnerungen festzuhalten. In meinem Kopf fühlt sich alles so durcheinander an, dass ich kaum etwas zu Papier bringe."* Alina legte eine Pause ein und versuchte, ihre Gedanken zu ordnen. Dann schrieb sie weiter: *„Der Gedanke, der mich am öftesten heimsucht, ist: Werde ich mich je wieder normal fühlen können und bin ich eigentlich ein Mensch oder bin ich ein Geldautomat?"*

Von da an flossen die Worte nur so. Zeile für Zeile wurde das Papier gefüllt. All das, was sie die vergangene Woche über gefühlt hatte, erschien scheinbar ohne ihr Zutun vor ihren Augen. Plötzlich war der Zettel voll. Alina starrte auf die Zeilen. Es war ein beklemmendes Gefühl, all ihre Gedanken, all ihren Schmerz, ihre Wut und ihre Scham in geschriebener Form vor sich zu sehen. Alina schloss die Augen. Der Gedanke, dass ihre innersten Gedanken nun nicht länger allein in ihrem Kopf waren, bereitete ihr Unbehagen. Doch gleichzeitig war es unendlich befreiend, für diesen einen Moment nicht länger daran zu ersticken.

Alina beschloss, morgen weiter zu machen. So verstaute sie den Zettel irgendwo, wo ihn niemand finden würde.

Es dauerte eine Weile, bis sie den Kopf wieder einigermaßen frei hatte. Als sie wieder klar denken konnte, suchte sie im Internet nach Polizeistationen. Sie hatte bald eine in der Nähe der Uni gefunden.

Angst überkam sie. Was, wenn der Polizist ihr die Schuld geben würde, oder bloß gelangweilt wäre? Schließlich hörte die Polizei Derartiges wohl jeden Tag.

Doch Alina verdrängte den Gedanken. Ihre Angst würde sie nicht länger davor zurückhalten, für sich selbst einzutreten.

Am Abend schrieb sie wieder an Andi: *„Ich habe heute angefangen. Ich habe alles, was mir spontan dazu eingefallen ist, niedergeschrieben, auch das, was ich beim Schreiben gefühlt habe. Später werde ich versuchen, das Geschehen so genau wie möglich zu rekonstruieren."*

Die Antwort kam nur wenig später: *„Gut, schreib jetzt am besten erstmal alles auf, was dir einfällt. Auch wenn es auf den ersten Blick unwichtig erscheinen mag. Du weißt nie, wozu du es vielleicht noch brauchen könntest. Für deinen Song ist es am besten, deine Gefühle so, wie sie jetzt sind, festzuhalten. Am besten beginnst du in den nächsten Tagen zu schreiben. Deinen Blog verfasst du besser, wenn du ein wenig Abstand zu dem Ganzen genommen hast."*

Alina nickte. Vorerst würde sie Ideen sammeln. In den Ferien plante sie, mit ihrer Geschichte an die Öffentlichkeit zu
gehen.

Eine Menge Zettel

Alina stand in der Früh auf. Der Gedanke heute wieder nach Wien zu fahren, erregte ihr Unbehagen. Sie schluckte das Gefühl hinunter. Sie würde keine unangenehmen Erinnerungen hochkommen lassen!

Wie schon gestern am Abend betrachtete sie die Karte, auf der sie die Polizeistation markiert hatte. Alina atmete tief durch und steckte sie in die Tasche.

Sie ging wieder ohne etwas gegessen zu haben zum Bahnhof. Im Zug zwang sie sich zu lernen. Sie las sich ihre Notizen wieder durch und versuchte krampfhaft, etwas davon zu behalten.

In Wien fuhr sie den gewohnten Weg mit der U-Bahn. Doch sie verließ die Station durch einen anderen Ausgang als sonst. Alina zog die Karte aus der Tasche und versuchte sich hier zurechtzufinden. Ihr Orientierungssinn war noch nie der beste gewesen. Dennoch wusste sie bald, wohin sie musste. Alina ging schnellen Schrittes die Straßen entlang.

Plötzlich stand sie vor der Polizeistation. Sie atmete tief durch und ging hinein. An der Theke saß ein Mann.

„Kann ich Ihnen helfen?", fragte er höflich.

Alina ordnete ihre Gedanken. „Ja", sagte sie. Sie musste das jetzt hinter sich bringen. „Ich möchte eine Anzeige wegen Betrug gegen Unbekannt machen."

Der Mann nickte. „Kommen Sie mit", sagte er. Er führte Alina in einen Raum, in dem ein Schreibtisch mit einem Computer stand. Er setzte sich vor den Computer. „Bitte, nehmen Sie Platz!", sagte er und wies auf den Sessel ihm gegenüber.

Alina tat, wie ihr geheißen. Sie verschränkte die Finger und atmete tief durch.

„Kann ich Ihnen einen Kaffee anbieten?", fragte der Mann.

„Äh... nein danke."

„Haben Sie einen Ausweis?", wollte er weiter wissen.

„Studentenausweis reicht?"

„Ja, passt", sagte er.

Alina nahm ihren Studentenausweis aus der Tasche. Der Mann betrachtete ihn kurz. „Reitmeier also?"

„Ja."

„Gut. Sie müssen hier Ihre ganzen Daten eintragen", sagte er und gab Alina ein Formblatt.

Alina trug ihre Kontaktdaten und ihr Geburtsdatum ein. Dann gab sie ihm das Blatt zurück und wiederholte, was sie vorher gesagt hatte. Als der Mann nachfragte, erklärte sie: „Eine Frau hat dringend Hilfe gebraucht und ich glaube, dass sie nicht ganz ehrlich war."

Der Polizist nickte. „Ja, es ist so, nicht alle Menschen sind gut. Und die mit dem freundlichsten Gesicht sind oftmals die Schlimmsten."

„Ja, sie hatte ein sehr freundliches Gesicht", murmelte Alina bitter. Sie erinnerte sich an ihren Blick, ihre Stimme, ihre Ausstrahlung, die es einem unmöglich gemacht hatte, ihr irgendetwas Schlechtes zu unterstellen. Alina erinnerte sich, wie ihre vermeintliche Hilflosigkeit sie komplett entwaffnet hatte.

„Sie hat mich um etwa 3000 Euro betrogen, wie viel exakt weiß ich nicht", sagte sie.

„Ok, ist auch nicht so wichtig", meinte er.

„Meine Oma sagt, dass sie wahrscheinlich eine professionelle Betrügerin war", fügte Alina dann hinzu.

„Da bin ich sicher", sagte der Polizist. Dann fragte er: „Hat sie europäisch ausgesehen?"

„Ja, angeblich kommt sie aus dem Kosovo. Ich weiß nicht, ob es stimmt", sagte Alina.

„Wahrscheinlich nicht", sagte der Polizist.

„Sie hatte einen Akzent, welchen kann ich nicht sagen."

„Einen slawischen?", wollte er wissen.

„Wahrscheinlich ja", meinte Alina.

„Ihr Name war angeblich Maria. Ist wahrscheinlich nicht ihr echter Name."

„Wohl kaum", sagte er.

Erneut erzählte Alina die ganze Geschichte. Wieder sprach sie all das aus; versuchte alles, was sie gefühlt hatte, in Worte zu fassen.

Sogar der Polizist, der sicher schon des Öfteren mit derartigen Fällen zu tun gehabt hatte, schien mehrmals schockiert über die Unverfrorenheit dieser Frau.

Alina erzählte am Schluss, wie die Frau behauptet hatte, Unterleibskrebs zu haben. „Ihr Bauch war wirklich etwas geschwollen. Aber warum weiß ich nicht, es kann so ziemlich alles gewesen sein."

„Wahrscheinlich zu viel gegessen", meinte der Polizist. „Mein Bauch ist zu Mittag und um sechs am Abend auch immer geschwollen."

Alina lächelte.

Schließlich sagte er: „Ich muss das dann zu Protokoll bringen. Wie hat die Frau ungefähr ausgesehen?"

„Klein", sagte Alina „Sicher unter 1,60. Ich würde sagen, sie war so zwischen 30 und 35. Ziemlich stämmig gebaut und sehr plump. Blonde Haare, etwas kürzer als meine. Sie hatte sie immer zu einem einfachen Pferdeschwanz gebunden. Sie hatte ein sehr rundes Gesicht und helle Augen. An die genaue Farbe kann ich mich nicht erinnern."

„Irgendwelche Auffälligkeiten?", fragte der Polizist „Narben, Tattoos?"

„Nein, keine Tattoos", sagte Alina. Sie dachte eine Zeit lang nach. „Sie hatte, glaube ich, ein paar Narben, aber keine sehr auffälligen."

Der Polizist schrieb alles mit.

„Sie hat mich zuerst von Telefonzellen aus angerufen. Hilft es Ihnen, wenn Sie die Nummern haben?", wollte Alina wissen.

„Nein, tut mir leid", sagte der Polizist. „Wir können das nicht zurückverfolgen."

Alina nickte. Dann nahm sie den Glücksbringer der Frau heraus. „Können Sie damit irgendetwas anfangen?", fragte sie.

Der Polizist lachte und schüttelte den Kopf. „Nein, die gibt es zu hunderten, so einen habe ich auch", sagte er.

Alina atmete scharf aus. „Sie hat mich am Freitag noch zweimal angerufen, während ich nicht da war. Meine Oma hat gesagt, es ist sehr wahrscheinlich, dass sie mich nochmal anruft. Was genau soll ich dann machen?", fragte Alina, obwohl sie es sich schon denken konnte.

„Wenn sie Sie nochmal anruft, auf jeden Fall mitspielen! Und dann sofort die Polizei rufen", sagte er.

„Wen konkret rufe ich an? Sie?", wollte Alina wissen.

„Nein, einfach die Notrufnummer 133. Dann müssen Sie halt sagen, wo Sie die Anzeige gemacht haben", erklärte er.

„OK, und dann sag` ich einfach, dass ich am 12. Juni in Wien eine Anzeige wegen Betrugs gemacht habe und dann wissen die das schon?"

„Ja, also nein, es ist nicht Betrug, sondern Veruntreuung, weil sie gesagt hat, dass sie Ihnen das Geld zurückgibt. Aber wenn Sie auf die Schnelle Betrug sagen, wird das auch nichts machen", sagte er.

Alina nickte.

„Die werden dann den Bericht lesen und wissen, worum es geht."

„Ja, aber sie hat des Öfteren spontan den Treffpunkt geändert. Das heißt, Sie müssten immer in meiner Nähe sein."

„Ja, wir machen das dann wie in den Filmen", sagte der Polizist.

„Ok, aber wenn Sie in der Nähe sind, dann darf man Sie ja nicht als Polizisten erkennen. Wie..."

„Ja, wir haben auch Männer in Zivil."

„Ja, schon, aber woher erkenne ich Sie dann?"

„Wir werden uns Ihnen schon zu erkennen geben", sagte er.

Alina nickte. „Ok."

„Hatten Sie schon früher mit der Polizei zu tun?", fragte der Polizist.

„Ja, einmal haben mein Bruder und ich eine Plantage Cannabis gefunden", antwortete sie.

„Auch so...gefunden", sagte der Polizist, dessen Gesicht kurz einen entsetzten Ausdruck angenommen hatte.

„Wir haben früher oft in der Natur gespielt, wo wenige Menschen hingehen, da haben wir mal die Pflanzen gefunden. Ich war aber nicht auf der Polizeistation. Ich habe nur dem Polizist gezeigt, wo wir die Pflanzen gefunden haben. Vielleicht bin ich im Bericht erwähnt", sagte Alina.

„Gut, ich muss jetzt auch einen Bericht schreiben. Können Sie mir alles der Reihe nach nochmal erzählen? Ich muss das so schreiben, dass auch jemand, der nicht mit Ihnen hier gesessen ist, weiß, was geschehen ist", bat sie der Polizist.

Alina nickte und versuchte noch einmal alles möglichst detailliert zu erzählen. Gelegentlich nur musste der Polizist nachfragen. Hin und wieder bat er sie, langsamer zu reden, da er mit dem Tippen nicht nachkam.

„Ok, können Sie sich das nochmal durchlesen, ob eh alles stimmt?", fragte er, als er den Bericht ausgedruckt hatte.

Alina nahm die Blätter entgegen. „Da ist ein Tippfehler", fiel ihr auf.

„Ah danke", sagte der Polizist „Warte, ich korrigier` das gleich."

Als Alina weiterlas, fiel ihr noch ein kleiner inhaltlicher Fehler auf. „Ok, sonst passt alles", sagte sie.

„Gut, ich werd` das dann neu ausdrucken. Sie müssen dann einiges unterschreiben."

Alina nickte und wartete, während er die Blätter wieder ausdruckte.

Der Polizist kam mit einem Stapel Zettel zurück. „Hier erstmals der Bericht. Sie müssen jedes Blatt einzeln unterschreiben. Haben Sie einen Stift?"

„Ja." Alina unterschrieb.

„Ich hab da noch mehr Zettel, die Sie unterschreiben müssen", sagte der Polizist, als sie fertig war.

Alina nahm sie entgegen. Sie überflog sie alle kurz, bevor sie sie unterschrieb.

„Ok, von der Anzeigenbestätigung musst du ein Exemplar mitnehmen", sagte er.

Alina las es sich genau durch. Es standen die Details über den Fall aufgelistet. Schließlich setzte sie ihre Unterschrift darunter.

„Darf ich mir davon auch eine Kopie mitnehmen?", fragte Alina und hielt ein Blatt hoch, wo ihre Rechte als Opfer standen.

„Ja, eigentlich müssten Sie nur bestätigen, dass Sie es gelesen haben, aber Sie können es auch mitnehmen. Das ist für mich nur eine Kopie."

„Danke", murmelte Alina.

Wenig später kam er mit einer Kopie zurück. „Ich hab jetzt nur noch ein paar Sachen für Sie zum Unterschreiben", sagte er mit einem Lächeln und gab ihr weitere Zettel.

„Ok, das war dann alles an Zetteln", sagte er. Er schien eine Weile zu überlegen. Dann sagte er: „Zeigen Sie mir doch, von welchen Telefonzellen sie angerufen hat. Vielleicht können wir doch etwas darüber herausfinden."

Alina nahm ihr Handy heraus und zeigte ihm die Nummern. Der Polizist notierte sie alle.

„Später hat sie mich dann oft ohne Nummer angerufen", erklärte Alina.

Er nickte. „Ok, Sie wissen, was Sie zu tun haben, wenn die Frau wieder anruft. Wenn uns noch etwas auffällt, werden wir Sie auch verständigen. Es ist aber unwahrscheinlich, dass wir auf etwas draufkommen, da diese Leute sehr gut darauf schauen, anonym zu bleiben. Es ist am besten, Sie versuchen, das zu vergessen und sich wieder auf Ihr Studium zu konzentrieren. Das Geld ist erstmals weg, das Vertrauen in die Menschen auch. Man glaubt leider nicht, wie viele Betrüger hier herumlaufen, vor allem, wenn man vom Land kommt. Ich bin ja selber ein totales Landei. Ich komme aus Klöch. Wissen Sie, wo das ist?"

„Nein, nie gehört?", gab Alina zu.

„Das ist ganz unten in der Steiermark, dort ist überhaupt nichts los. Ich musste auch erst mit dem Stadtleben klarkommen und ich hab mir auch mal Geld aus der Tasche ziehen lassen und glaube mir, es war mehr", sagte er.

Alina war überrascht, das zu hören. „Diese Frau kriegt wahrscheinlich in der Woche mehr, als mein Vater im Monat", sagte Alina bitter.

„Also, ich weiß nicht, was Ihr Vater macht, aber es ist ein ganz gutes Geschäft", meinte der Polizist.

„Mein Vater ist ganz normaler Beamter", sagte Alina.

„Ach so, Beamter." Er lachte. Doch dann wurde er wieder ernst: „Man glaubt wirklich nicht, was es alles gibt. Ich bin ja auch jemand, der helfen will, aber man muss hier wirklich aufpassen. Viele von den Bettlern sind ja wirklich arm. Aber es sind auch sehr viele dabei, denen es gar nicht so schlecht geht."

„Das primäre Problem mit diesen Leuten ist auch, dass dadurch die Menschen, die tatsächlich Hilfe bräuchten, keine bekommen", sagte Alina.

„Ja, das stimmt!", meinte der Polizist. Kurz schwiegen sie beide. Dann sagte er: „Nächstens, wenn irgendetwas ist, wenn Ihnen etwas komisch vorkommt, sprechen Sie auf jeden Fall mit Ihren Eltern darüber. Ich nehme an, Sie haben ein gutes Verhältnis zu ihren Eltern."

„Äh… ja", sagte sie. Doch die Wahrheit war, dass sie es nicht wusste. Sie wusste doch nicht einmal, welches Verhältnis sie zu sich selbst hatte.

„Gut, dann wie gesagt, sollte sich die Frau nochmals bei Ihnen melden, wissen Sie, was zu tun ist. Dann wünsch ich Ihnen noch viel Glück bei ihrem Studium", sagte er.

„Danke", murmelte Alina und stand auf.

„Also dann, auf Wiedersehen", sagte der Polizist und gab ihr die Hand.

„Auf Wiedersehen", sagte Alina.

Sie verließ das Gebäude. Plötzlich fühlte sie sich, als wäre eine schwere Last von ihr abgefallen. Sie hatte sich trotz ihrer anfänglichen Angst dazu überwunden, zur Polizei zu gehen. Alina wusste, dass die Frau sie noch einmal anrufen würde. Und dann wäre sie bereit. Der Gedanke, sich noch einmal mit dieser Person zu treffen, ihre Stimme erneut zu hören, machte ihr Angst. Doch sie war fest entschlossen, sich nicht länger von ihrer Angst leiten zu lassen; sie war fest entschlossen, dieses eine Mal als Siegerin hervorzugehen.

So ging sie schnellen Schrittes zur Uni, denn sie hatte noch eine Vorlesung. Sie konnte sich immer noch nicht perfekt konzentrieren, doch sie verstand wieder, worum es ging.

Während der Vorlesung bekam sie eine SMS. Erst wollte sie sie ignorieren. Doch als sie kurz auf ihr Handy schaute, sah sie, dass sie von Andi war. So las sie sie doch gleich: *„Hallo. Ich hab nochmal über dein Vorhaben nachgedacht. Mir gefällt, dass du aus dem Schlimmen, was dir passiert ist, etwas Gutes machen willst. Deswegen glaube ich an dich. Das ist es, was dich von den Menschen, die ihre Ziele nicht erreichen, unterscheidet."*

Alina lächelte. In dem Moment wusste Alina, dass noch alles möglich war.

Als die Vorlesung zu Ende war, eilte sie zum Bahnhof. Sie wollte etwas früher, als nötig dort sein, denn sie hatte noch etwas zu erledigen.

Beim Bahnhof verließ sie erneut das Gebäude. Dann ging sie durch einen anderen Eingang wieder rein. Sie sah erneut denselben Augustinverkäufer, der ihr letztens geholfen hatte.

Alina lächelte ihm zu.

„Hallo", sagte der Mann.

„Hallo", erwiderte Alina. Sie wusste nicht, ob er sich an sie erinnern konnte.

„Wollen Sie Augustin kaufen?", wollte er wissen.

„Ja, bitte", sagte Alina. Sie gab ihm die vier Euro, die sie letztens von ihrer Oma bekommen hatte, und nahm eine Zeitung entgegen.

„Danke", sagte er.

Alina lächelte ihm erneut zu. „Auf Wiedersehen", sagte sie.

„Auf Wiedersehen", antwortete er.

Dann eilte Alina zu den Zügen.

Nachwort

Das ist also meine Geschichte, die im Kern dem entspricht, wie es sich real zugetragen hat. Dieses Buch soll als Warnung vor eben jenen Personen dienen, die die Tatsache dass es Armut gibt; dass man in Städten tagtäglich damit konfrontiert wird ausnutzen, um anderen Menschen das Geld aus der Tasche zu ziehen. Mein Hauptanliegen ist es, darauf hinzuweisen, woran man einen Betrüger erkennt.

Das meiste sollte in diesem Buch schon klar hervorgegangen sein. Hier trotzdem noch ein paar wichtige Beispiele. Erstens einmal dass „Maria" Alina immer wieder klarmacht, dass sie niemandem etwas sagen darf. De facto kennen sich die beiden nicht. Folglich könnte Alina der Frau wenn sie ehrlich wäre nicht schaden, indem sie ihrem Freundeskreis oder ihren Eltern davon erzählt. Schließlich kennen diese die Frau ebenso wenig.

Ein weiteres klares Signal war, dass sie ständig den Treffpunkt geändert hat. Welchen Sinn könnte das haben, wenn nicht, um einen zu verwirren oder zu verhindern, dass man sie so leicht der Polizei überführt.

Sie hat noch weitere Tricks angewandt, die wahrscheinlich aus meinen Schilderungen schon klar hervorgegangen sind. Allein die Art, wie sie Alina angesprochen hat. Sie sagte erst, sie habe ein Problem und wolle reden. Natürlich ist einem in diesem Fall klar, dass sie wahrscheinlich Geld will. Dennoch ist es schwerer, einfach nein zu sagen, wenn jemand „reden" will, als wenn er gleich mehr Geld verlangt, als man hat. Hier kommt noch hinzu, dass sie ja zu Beginn nur die Miete wollte und erst später weitaus mehr verlangt hat.

Ich denke auf die Art, wie sie Alina psychisch unter Druck gesetzt hat, brauche ich nicht näher eingehen. Ein entscheidender Aspekt ist aber, dass sie ständig betont hat, wie unwichtig Geld ist. Dadurch erreicht sie natürlich, dass man alles, was einem im Leben wichtig ist, das auch nur im Entferntesten mit Geld zu tun hat plötzlich als völlig unbedeutend wahrnimmt.

Auch die Geschichte von der Studienkollegin von Alinas Vater, die auf dieselbe Weise all ihr Geld verloren hat, nur, dass sie drei Monate dafür gearbeitet hatte und es brauchte, um sich ihr Studium zu finanzieren, ist wahr. Das heißt, dass diese Psychotricks funktionieren, egal, wie dringend man das Geld selber braucht. Diese Leute werden einem immer einreden, dass sie es noch unendlich dringender brauchen und man folglich ein schlechter Mensch ist, wenn man es ihnen nicht gibt.

Auch wichtig ist das ständige Betonen, dessen, dass alle anderen sie einfach ignorieren, oder gar unfreundlich zu ihr sind. Die Botschaft, die sie einem dadurch vermittelt ist: „wenn du mir nicht hilfst, dann wird es keiner tun."

Ich habe in diesem Buch auch andere Themen angesprochen. Ich erwähnte auch andere Fälle von aufdringlichen Menschen auf der Straße, seien es nun ebenfalls Bettler, oder Spendensammler, oder Personen, die einem irgendetwas verkaufen wollen. All die erwähnten Beispiele habe ich entweder selbst erlebt, oder sie wurden mir von Freunden erzählt.

Dabei möchte ich darauf hinweisen, dass sich das Buch grundsätzlich gegen keine dieser Gruppen richtet. Alles, worüber ich hier schreibe sind Einzelbeispiele, die nicht repräsentativ für irgendeine Gruppe von Menschen sind.

Es war mir ein Anliegen, über die vielen aufdringlichen Menschen, denen man in einer Stadt begegnet zu schreiben, weil ich, da ich wie Alina vom Land komme, als ich in Wien zu studieren begann nicht auf all das vorbereitet war.

Ich habe auch über aufdringliche Männer auf Facebook geschrieben. Auch hier will ich nicht verallgemeinern. Ich habe auch sehr positive Erfahrungen mit Menschen, die ich über Facebook kennen gelernt habe, gemacht.

Auch hier handelt es sich um reale Fälle. Als ich begann, auf Facebook aktiv zu sein bekam ich sehr viele Anfragen von fremden, meist männlichen Personen. Da ich unerfahren war, nahm ich sie zu Beginn an. Und ich habe wirklich alles zu lesen bekommen, was man sich in dem Zusammenhang nur vorstellen kann. Ich bekam Angebote von Männern, die teils 20 Jahre älter sind als ich, ich bekam Liebesgeständnisse und Heiratsanträge von Menschen, die ich nie getroffen habe, Wildfremde fragten mich nach so ungefähr allem: Beziehung, Sex, Nacktfotos und ja, auch Geld. Auch hier konnte ich kaum glauben, was es auf dieser Welt alles gibt.

Ich hatte in den letzten zwei Jahren mit mehr unangenehmen Menschen zu tun, als in meinem ganzen bisherigen Leben! So musste ich lernen, mich selbst zu schützen und vor allem musste ich lernen, dass ich niemandem, den ich nicht kenne zu irgendetwas verpflichtet bin. Ich muss mich auch niemandem gegenüber für irgendetwas rechtfertigen.

Meine Beobachtungen zeigen mir auch, dass viele Menschen, wenn sie etwas von jemandem wollen, egal ob Geld, Zeit, Aufmerksamkeit oder sonst etwas, davon auszugehen scheinen, dass sie die einzigen sind.

Vor dem Hintergrund all dieser Erfahrungen habe ich einen simplen Entschluss gefasst: egal, was jemand von mir will und wozu er es braucht, wenn er aufdringlich ist, bekommt er es nicht! Ich helfe gerne, aber ich bin auch nur ein Mensch, ich habe nicht beliebige Kapazitäten, ich habe ein eigenes Leben und wenn jemand nicht bereit ist, das zu respektieren, dann bekommt er ganz sicher nichts von mir! Das mag hart klingen, aber auch ich musste auf die harte Weise erfahren, dass es die einzige Möglichkeit ist, in dieser Welt zu überleben.

Eine letzte Sache möchte ich hier noch anmerken. Als ich von der Betrügerin erzählte, waren die häufigsten Interpretationen, ich habe einfach ein zu großes Herz und ich sei extrem naiv. Beides mag für einen Außenstehenden nahe liegend sein, ist aber eine stark vereinfachte Sichtweise, denn niemand, der bei klarem Verstand ist, würde einfach so einem Wildfremden nahezu sein gesamtes Geld geben, wenn er nicht eine Woche (oder länger) psychisch komplett fertig gemacht wurde.

Deshalb möchte ich an alle appellieren: wenn ihr mit einer Person zu tun habt, die Opfer eines Verbrechens wurde, bitte führt ein Gespräch auf Augenhöhe mit dieser Person, bevor ihr über sie urteilt!

Über die Autorin:

Jasmin Thoma wurde am 11. November 1995 in Eisenstadt(Österreich) geboren. Sie besuchte das Gymnasium in Eisenstadt und studiert seit 2015 Kultur- und Sozialanthropologie in Wien.

Mit 11 Jahren begann sie Geschichten zu schreiben. Bereits während ihrer Gymnasialzeit verfolgte sie den Traum, Autorin zu werden. In ihrem Debutroman „Ohne Identität" verarbeitet sie ihre eigenen Erfahrungen.

Zeitfracht Medien GmbH
Ferdinand-Jühlke-Straße 7
99095 Erfurt, Deutschland
produktsicherheit@kolibri360.de